天才論
立川談志の凄み

立川談慶
Tatekawa Dankei

PHP新書

まえがき

古今東西、うまい落語家は大勢いました。天才と呼ばれた人も、何人かいたでしょう。

でも、「凄い」と思わせ続けた落語家は、立川談志《たてかわだんし》だけではなかったでしょうか（弟子の買いかぶりかもしれませんが）。

立川談志の凄みとは何か。これは、弟子ならば近すぎる課題でした。

前座の頃なら、そんなこと考えている暇があったら、師匠により快適に過ごしてもらうにはどうすべきかを考えるべきですし、二つ目になったら次のランクである真打ちになるにはどうしたらいいかを考えなくてはなりませんし、真打ちになったら今度は師匠のことよりもまず自分のことを考えなければならなくなります。

つまり、弟子には、師匠の凄さについて冷静になってじっくり考える暇はないということになります。

まして「談志が凄い」なんて本人が健在ならば弟子なら照れもありますし、そんな野暮な分析は出来ません。無理にやったところで本人から「違う」と否定されたらおしまいです。

それが――。

師匠が亡くなって二〇二一年で丸十年。

今だからこそ、書けることなのかもしれません。

師匠の死後、二年が経ち、『大事なことはすべて立川談志《ししょう》に教わった』（KKベストセラーズ）を出すチャンスに恵まれました。この本が、文系芸人のトップに君臨する水道橋博士の目に留まり、大絶賛されその後重版し、「水道橋博士のメルマ旬報」での連載陣に加わることを直に打診されました。博士さん曰く、「天才モーツァルトを見つめるサリエリ目線で」という注文付きで、タイトルを「アマデウスの噺　立川流の天才論」で、との指定を受けました。

以後五年以上に渡って、談志との思い出を毎月反省し反芻《はんすう》する機会を与えていただきました。

そちらを加筆修正したものがこの本です。

今回、新たにタイトルを『天才論　立川談志の凄み』と名付けました。

誰もが内心思っているけれども、書籍の形であまり正面切って取り組まれたことがなかったテーマで、談志について語ってみたいと思います。

第一部の「談志は何が凄いのか」は「客観的な談志論」です。死後数年以上経ってから、改めて俯瞰《ふかん》で師匠を見つめた場合の「凄さ」について論考を深めてみました。

こちらが客観ならば、第二部の「談志は談慶をどう育てたか」は私が前座時代に直接経験した「主観的な談志論」です。自分が師匠からもらった言葉は八割が「罵詈雑言《ばりぞうごん》」に近かったものですが、それらを改めて吟味した際に浮かび上がってくる体験談を再構築してみました。

客観と主観は、全体と部分でもあり、総論と各論、演繹《えんえき》と帰納でもあります。一読していただければ、談志という巨像（いや虚像）がより身近に、そして具体的なイメージが浮かび上がってくることでしょう。

この本は、読み手である皆さんに向かっての私からの「壮大なる問い」です。「私は天才談志をこのように捉えましたが、皆様はいかがですか」と仏教でいう「如是我聞《にょぜがもん》」の境地なのかもしれません。

笑いながら、時には涙しながら、熟考しながら、読書の旅を楽しんでみてください。そしてその旅を終えた頃には、あなたの中に「リトル談志」が出現してくるはずだと信じています。それは旅の余禄であるともいえましょう。そんな「架空徒弟制度」の果てに出会えた

「リトル談志」は、今後あなたが悩んだ時や行き詰った時に、心の支えになるかもしれません。

出来の悪い弟子がつまずきながら辿ったルートをなぞりながら、快適なる脳内旅行を。

どうぞお楽しみください。

天才論　立川談志の凄み

目次

まえがき

序論 談志天才論

第一部

談志は何が凄いのか

第八話 師匠こそ、ハートウォーマー 222

序論

談志天才論

「けっ、とんだ浦島太郎だ」

師匠談志（七代目立川談志《たてかわだんし》）は、昭和十一（一九三六）年一月二日、東京は小石川にて生を受けました。

師匠のお母さんからは、私が修業中の前座時代、よく幼き日の師匠の話などしてもらったものでした。「小さな頃、どんな子どもでした？」と聞くと、

「克っちゃん（師匠の本名は松岡克由《まつおかかつよし》です）がね、小さい頃、近所の悪ガキたちと石の投げっこをしていたのよ。五、六歳の頃かな。それを見るに見かねた近所のおじさんがね、『克由、お前の投げた石があのうちの窓ガラスを割ったらどうするんだ！』って怒ったの。そしたら克っちゃんたら、『おじさん、割ってから文句言いな』って言ったの」

「そんなに生意気だったんですか？」

「そうなのよ、だからそのおじさんからは目を付けられちゃってさ、また別な日にね、克っちゃんが亀をいじめていたの」

「いじめるのが好きなんですね（師匠は基本Sでした）」

「でまた、そのおじさんが、『克由、またお前か⁉　可哀そうだろ、亀なんかいじめちゃ』って注意したら、またまた克っちゃんたらね、『けっ、とんだ浦島太郎だ』って言い放ったの」

とても子どものセリフではありません。いやはや、やはりあのお方は言葉の天才でした。

その後昭和二十七年、十六歳の時に高校を中退し、柳家《やなぎや》小さん（五代目柳家小さん）師匠の元に入門します。前座名小よし。二年弱で前座をクリアし、昭和二十九（一九五四）年二つ目に昇進し、小ゑん。昭和三十八年に真打ち昇進。その二十年後の昭和五十八（一九八三）年、落語立川流を設立し、自ら家元と名乗ったのです。


さて、そんな師匠・談志の天才論を記してみます。

神をも恐れぬ暴挙ではありますが、当人はこの世を去って二〇二一年で早十年経ちます。当人が現役だとしたら何を書いても「違う！」と言い張るはずだろうし、そこから怒りの矛先を確実に向けられていたはずだろうし、また死後直後ならば、その喪失感の大きさから冷静さを欠いた論調になり、そこにさらに虚無感と悲しみが加わり、情念優先の流れとなり後に至れば汗顔《かんがん》の至りになるだろうことが想像されます。

つまり、「談志が天才だった」という、わかりきっていてなおかつ言い尽くされたことに対するアプローチのためには、やはり十年もの年月が必要だったのかもしれないと改めて思う次第なのです。

談志の先見性

まず、談志の天才性を決定づける要素の一つに「先見性」が挙げられると思います。「先見性」とは何でしょうか。それは言葉となってまず現れます。昭和四十年、談志が二十九歳で著した『現代落語論』はそのラストが「落語が『能』と同じ道をたどりそうなのは、たしかである」という「先見性」で締められていました。

当時は、談志が真打ちになって三年目あたりの新進気鋭の時期で、落語界全体を見渡しても、前年昭和三十九（一九六四）年に先代金馬《きんば》師匠（三代目三遊亭金馬）が亡くなったとはいうものの、晩年期というより充実期に入った文楽《ぶんらく》（八代目桂文楽）志ん生《しんしょう》（五代目古今亭《ここんてい》志ん生）両師匠は健在で、昭和五十四（一九七九）年に亡くなる圓生《えんしょう》師匠（六代目三遊亭圓生）もまだ芸の完成期直前の時期でもあり、個々の芸の精進に対する不安はあれど、落語そのものの本体、落語界には不安めいた空気感はなかったのではないかと想像します。

落語家誰もが、盤石《ばんじゃく》とまではいかないまでも、目の前の仕事も含めた環境にさえ向き合えばいいという感覚であったはずです。いや、そんな気持ちというか匂いは令和三年現在の落語家でも、誰もが抱くものでしょう。

つまり、落語が個人芸である以上、それぞれの落語家は個々のレベルの悩みにのみ照準を合わせていれば、基本ＯＫなのです。時代が変わっても落語家の生き方はさして変わらないような気がします。こういう談志本の類を二〇冊以上書き連ねている私ですら、「次の本はこういう流れで書こう。初版の発行部数が〇〇で、定価が〇〇円だとすれば、どうすれば重版を迎える展開が出来るか」や、「来月のネタ下ろしの落語会には『錦の袈裟《けさ》』をやろう。ついてはこんなギャグを入れ込もう」などなど、極論すれば「今だけ、カネだけ、自分だけ」を考え抜く毎日なのです。

そんな価値観に六十年近く前から異を唱えていたのが、談志でした。

「落語が『能』と同じ道をたどりそうなのは、たしかである」というあの名著（『現代落語論』）の末尾に記された言葉は、ここまで述べてきた落語家のパーソナルな悩みを、落語家全体の、落語界全体の、落語そのものの「公的な悩み」へと一気に格上げしてしまったのです。そして、同時に、「俺がいる限りそうはさせまい」という決意表明にもなったはずであろうし、後年談志に続く弟子たちには、命令にまで昇華してゆくことになります。

天才の「先見性」を象徴するかの言葉は、以後バトンとなって感染者のように読者を増やしてゆきます。触発を通り越して煽情的ですらあるのです。そんな「パンデミック発言」にやられた読者の中で、より重症度の高い人間たちが落語家の道へと進んで行ったのでしょう。恥ずかしながらその範疇に私も属しているのですが。

かの本を読んだ高校時代の私は、「能」はおろか「落語」すらよくわかっていない田舎者だったのですが、今思うと言葉の背後にある「先見性」にときめいていました。先見性とは一種の予言です。

時代の先を見切れる人間は、同時代に生きる人間からは理解されにくいものです。談志の場合そんな凡人を一括りにして、「バカだ」と言い切る危険度の高い人生を歩んだものだから必然的に敵が多くなる。そんな日々を積み重ねてゆけば、やがて孤立無援状態に陥るのは時間の問題だったのでしょう。『現代落語論』出版から十八年後の昭和五十八（一九八三）

年、談志は小さん師匠から破門を言い渡され、落語立川流設立へとなる歴史は必然でした。

宗教においては、時の為政者たちに身の危険をものともせず果敢にも異を唱えた日蓮《にちれん》大聖人、自然科学の分野においては雷雨の際に凧《たこ》を上げたフランクリンや、当時の知識人の常識とはかけはなれた理論を訴え続けたアインシュタインなど、天才性を発揮したがゆえに当時は理解されなかった先人各位と同じような思いをしたはずです。

その後日蓮大聖人は多数の信者を獲得し、フランクリンやアインシュタインの唱えた言説は法則となり、談志の開いた立川流は、志の輔・談春・志らく各師匠らを筆頭に個性豊かな落語家を輩出し続け、東西合わせて落語家千人といわれる現在、全落語家人口の数パーセントを占めるにまで至っています。いや、春風亭小朝師匠をはじめ、あの『現代落語論』が世に現れなかったら落語家にならなかったと公言する落語家の数をカウントすれば、その数はもっと莫大にハネ上がるでしょう。

天才は、歴史を変えてしまうのです。

「談志以前・談志以後」で落語界の風景は確実に塗り替えられてしまった格好です。当人は「俺がこの世に現れなかったら落語なんざ呑気な世界だったはずだ」とボヤいていたものでした。

「源平盛衰記」で発揮された現代的センス

「先見性」を象徴する具体的な落語の演目では、「源平盛衰記」が当時脚光を浴びたものとして「源平盛衰記」が挙げられます。いわゆる「地噺《じばなし》」と呼ばれるジャンルで、ストーリーは単純な歴史物語なのですが、だからこそ縦横無尽な立ち位置からさまざまな話題を放り込める許容範囲の大きい落語です。いまここで「さまざまな話題を放り込める」などと勢いで書いてしまいましたが、「情報量が過多」でしかも面白くないと持たないという意味では、非常に現代的なセンスが問われるネタでもあります。

血気盛んな頃の談志の「源平」には痛烈な文明批判をはじめ、「三島由紀夫が『午後の曳航』なんか書くからおかしくなっちまった」などと文芸批判まで盛り込んだ「知的ワイドショー番組」のような様相でした。

当時の大学の落語研究会に所属する学生落語家たちは、こぞって談志の「源平」を真似たものだったと古い先輩方から聞いたことがあります。天才の先見性、予言性が存分に発揮されていた何よりの証拠でしょう。

この「源平」、私が入門した一九九一年以降、たぶん高座にはかけてないはずです。「時代の寵児《ちょうじ》」ともてはやされて、本人もそれにきちんと対応できた「若い頃のネタだ」と自分でかつて述べていたように、あの頃の時代の潮流が作らせた作品だったのでしょう。「源平」についてはこのあとの第四話でも取り上げたいと思います。

「先見性」から「普遍性」へ

そんな談志の「先見性」が、次第に「普遍性」へと舵《かじ》を切ってゆきます。

その象徴が「芝浜」の演出の変遷です。「芝浜」の変化こそが、まさに談志の天才性を如《によ》実《じつ》に示しています。

ご存じ「芝浜」は三代目桂三木助《みきすけ》師匠が磨き上げた、「短編小説」的な佳品落語でした。

先々代三木助師匠は、江戸っ子の粋を純粋培養したような芸風でした。前座の頃、師匠が口を酸っぱくして聞けと言っていたのが「文楽・圓生・三木助・小さん」各師匠。先々代の三木助師匠の「芝浜」はとてもウェルメイドで、「芝浜」の女房も「あなたのためにウソをつきました」というよくできたしっかり者の女房という設定で、当人の歯切れのいい江戸弁と共にスムーズに進んでゆきます。小気味いい展開で、聞いていてとても心地いい。

いわばこんな聖典のような「完成品」に手を加えたのが、談志でした。

大まかなストーリー展開は先々代三木助師匠の展開を踏襲しつつも、登場人物の「女房」にメスを入れます。後述する最晩年の「よみうりホールでの伝説の『芝浜』」を最高到達点だとすれば、そこへ向かって収斂《しゅうれん》してゆくような展開で、新たな「女房像」を作り上げていったのです。

つまり、先々代三木助師匠の演じる「お前さんのためを思ってウソをついた」という設定の「良妻賢母型の古風な女房」から、「どうしていいかわからなくなっちゃったんだけど、たまたまついたウソでこうなっちゃったんだもん」という、「現代風なかわいらしい気質」を交えた女性像への転換を図ったのです。

談志のこの果敢な取り組みをきっかけにして、どの落語家も年末が近づくと、それぞれの価値観に合わせた形でのそれぞれの「芝浜」が演じられることになりました。先鞭《せんべん》をつけ、落語パンドラの箱を後世のために開けたのは談志だったのです。

このような変化は、落語の冒頭部分に付随する「マクラ」についてもいえることです。「談志以前」の落語家の「マクラ」は、紋切り型だったのに、「談志以後」は、みんながこぞってオリジナルのマクラを導入することになりました。

クラシックの演目をジャズ化させてしまったような感じでしょうか。

もう誰も「談志以前」の落語に戻そうとしていない点でも、まさに天才そのものです。

「たが屋」のオチを変える

マクラや登場人物像だけではありません。談志は落語の肝である「オチ」も躊躇《ちゅうちょ》なく変え続けていきました。

オチを変えて談志らしさを横溢《おういつ》させた落語の代表格が「たが屋」です。

あらすじをかいつまんで紹介すると、「両国の川開きの花火大会というまさに『密』という状況の両国橋の上で、殿様一行と、たが屋（桶の周囲を締める竹縄屋）とがぶつかり、口論から刃傷沙汰《にんじようざた》へと発展する。ラストは主たる侍とたが屋の一騎打ちとなってゆく……」という夏の風物詩的な落語です。従来通りのオチは、たが屋が侍から奪った刀で殿様の首をはねるとその首が高く舞い上がって、花火よろしく「たが屋ー」と掛け声が上がるというものです。この落語、たが屋が侍をやっつけてゆくにしたがって、周囲を取り囲む群衆が「たが屋サポーター」になってゆき、ラストシーンで「判官《ほうがん》びいき」と相まって「か弱き身分の下の者が、身分の上の者に勝つ」みたいなクライマックスが訪れて溜飲《りゆういん》を下げる形が従来のパターンです。

談志は、これにも疑問をぶつけました。

つまり――殿様がたが屋の首をはねて群衆の期待とは真逆の流れになったにもかかわらず、群衆ときたら、それでも「たが屋ー」と喜んでいるという「大衆の無責任」を表現した噺にしてしまったのです。

一説によると、この噺、当初は「たが屋の首が飛ぶ」のがオチだったそうです。談志は「せこい下剋上のカタルシスではなく、もっと普遍的で不変な『人間の業《ごう》』に近い形の群衆のいい加減さ」にテーマを切り替えたことで、この落語の凄さが際立つ形へと、いわば「先祖帰り」させたともいえます。こちらのほうが、より「普遍性」を訴えることが出来るという深い考察からなされたことなのでしょう。

「先見性」、「普遍性」、そして「論理性」

「先見性」のみならず、さらに古今東西の人類にも共通する、いわゆる「普遍性」を、落語から抽出しようとした立川談志。そして、忘れてはならないのが、談志の論理性です。

前述した「人間の業」という落語の最高定義は、昭和六十（一九八五）年に出版された『あなたも落語家になれる　現代落語論其二』の中で示された論理です。

「業の肯定」とは、一言でいうならば、「落語の登場人物全般の行動様式のこと」です。どの登場人物もおしなべて酒に女性に博打にと欲望に負けがちな「弱さ」を内在させています。その弱さを「業」として受け止めてみた場合、落語の物語を通して「それでいいんだよ」と許してくれる空気感をベースに話が進んでゆきます。落語を聞いて快適に感じるのはそんな優しい匂いがあるからではと分析したのが、立川談志だったというわけです。

落語の長い歴史の中で、現役の落語家で落語を初めて定義したのが談志でした。これだけでも天才だといえるかもしれませんが、特筆すべきは、この定義が徹底した理詰めの論法に基づいてなされたことでしょう。

予言のような「先見性」あふれる言葉を噴出させる能力と、その中から不変の「普遍性」を見抜くセンスは、先天的なものだと思われますが、「論理性」は分析能力の裏付けがあって発揮されるものであり、これはどちらかというと、後天的なアプローチによるものだといえるでしょう。

つまり、談志の天才性を表象する「論理性」は、普段からの不断の努力によって獲得した形質なのではと推察します。

努力を「バカに恵《あた》えた夢だ」と定義して唾棄《だき》する姿勢を示していた談志でしたが、実は本人はものすごい努力家で、自身の落語の質を高めるべくとことん考え抜いていたのです。そういえば、談志は「世の中すべて論理分解できる」と日頃から豪語していました。

いや、亡き師匠に向かって「努力家だった」と言い切るセンチメンタリズムを草葉の陰で聞く談志はものすごく嫌がるはずでしょうから、「目標達成までのしつこさを苦痛に思わない粘着気質」と言い換えるべきでしょうか（いや、こっちのほうが絶対失礼な感じがしますが）。

――「先見性、普遍性、論理性」。

談志の天才性を象徴する三つの言葉。

不肖《ふしょう》の弟子として、受け継ぐことが出来そうなものは、「論理性」だけかもしれません。その論理性を少しでも鍛えようと、そして少しでも今は亡き談志に追いつこうとして残した痕跡こそが、皆さんが読んでいるこの本をはじめとする各種書籍の執筆なのです。

凡才なりに居場所を見つけて、本書と同じ版元から小説まで書いて、ここまで不器用にやってきました。「論理性」ならば、当意即妙なアドリブ的反射能力で劣っている私でも、熟考を繰り返すことで磨けるものだといまだに信じています。

皆さん、そんな出来の悪い弟子の、談志への格闘ぶりを微笑《ほほえ》ましく受け止めながら、この本の続きをお楽しみ下さいませ。

第一部

談志は何が凄いのか

第一話

天才はショートカットする

道路のショートカット

国会議員を務めたこともあるせいか、あるいは元来東京の生まれだからでしょうか、師匠は目的地にたどり着くにしてもショートカットを良しとしていました。

血気盛んな頃、弟子に車を運転させて、会場入りするとなると、助手席でナビゲートする役の弟子は、その前日からずっと地図を開いてシミュレーションしたものでした。今みたいに、ナビゲーションシステムが搭載されていない時代でしたから、大変でした。いや、実際そんなシステムがあったところで、「不快感の解消を他人が作ったもので処理するのは文明。自力で解消するのが文化」と定義し、生前「アンチ文明」を標榜していた人ですから、そんなものの利用は許さなかったでしょう（第一ケチでしたから）。

ある日、師匠の指図通りに車を運転していた私に、

「そこ、右へ曲がれ。近道だ」

「師匠、この時間、車両の通行禁止となっています」

「俺は曲がれと言っているんだ」

仕方なしに師匠の言う通りに右折すると、すぐさま警察官がやってきます。

「ちょっとちょっと、ここ、通行禁止だよ、今の時間！」

師匠は後部座席から私の頭を叩きながら、

「すみません、こいつが大丈夫だと言ったもんで。だから言っただろ、ここは通っちゃいけないって！」

警察官も、相手が生の立川談志と知って驚き、笑みさえ浮かべながら、

「まあまあ、仕方ないですよ。じゃあ誘導しますから、バックで出て行って下さい」

とまで言ってくれ、結局警察官の指示に従って元来た道に戻りました。彼らが去って行ったのを見届けながら、

「いいか、警察官には、逆らうな。仲良くしとけ」

思い出の一コマでしたが、天才は、リアルな実生活で近道を追求するのみならず、思考回

路の上でもショートカットを好んでいました。頭の中でも回り道、遠回りを嫌っていました。天才はどこまでも遅延を拒否します。

三和銀行の女性行員の受難

「電話は一分以内、一〇円以内ですべて済ませられる。済ませられねえ奴はバカだ」

元来のケチがそうさせたところもありますが、弟子への電話もいつも「身代金の引き渡し場所の指定」のようにポイントポイントで指示していました。

旧三和銀行の女性行員との電話のやりとりでこんなことがありました。新人の女の子だったらしく、要領を得ない返答に師匠は明らかにいらついていました。

「住まいは根津《ねづ》だがね」

「根津の『根』はどういう字ですか?」

女子行員は地雷を踏みました。師匠は激昂《げきこう》する寸前だったのでしょう。

「いいか、ねえちゃん。三和銀行の、和の字、手元に書いてみろ」

「はい」

「その和っていう字、左と右に分けろ。ノギヘンと口になるだろ」

「はい、なります」

「いいか、そのノギヘンのノの字を取って、木という字、残せ」

「はい」

「今度は銀行の銀っていう字を左右二つに分けてみろ。分けたか？　じゃあ、そこの右側の、さっきの木の字の右側にくっつけてみろ。いいか、それが根津の『根』っていう字だ。覚えておけ」

脇で聞いていて、「とんでもない人の弟子になったなあ」という面白さと「弟子たる者、師匠の思考のリズムに合わせないといけないのだ」という怖さと凄さを垣間《かいま》見た次第でした。

思考のショートカットは言葉の定義に現れる

師匠の思考回路のショートカットは、言葉を定義する際に発揮されます。

入門した時に言われたのが、

「修業とは、不合理、矛盾に耐えることだ」

談志の言葉がワープする時のパターンの一つが、「言葉を定義する」ことです。理解力のない私は、「つまり、修業とはもともと不合理でめんどうくさいものだ」と、稚拙な解釈で片づけるしかありませんでした。

株式会社ワコールで三年間、九州は福岡佐賀地区の専門店担当のセールスマンとして、かなりのノルマをこなす一方、土日は福岡吉本でライブの舞台にも立ってきた私です。「そこそこ出来るはずだ」という自負はありましたが、二十五歳の青臭い青年の青写真は脆《もろ》くもぶっ飛びました。

「俺はお前にここにいてくれと頼んだわけではないんだからな」

と、惚れた弱みに付け込まれる格好で修業が始まります。まさに修業は「無茶振り」でした。弟子が三人いると一〇件前後の用件を言いつけます。

「もらったネギを長持ちさせるために庭に活けろ、いや植えろ」
「洗面所の雨漏り、カネを使わずにお前のセンスで直せ」
「バルサンの効き目、ねずみにも効くか調べておけ」
「隣のうちに行ってキャベツもらってこい」

「釈迦頭《しやかとう》っていう、台湾の果物な、あれ旨かったから種から育ててみろ」

「枇杷《びわ》の葉湯《はゆ》こしらえろ」

「根昆布水《ねこんぶすい》作れ」

「赤旗、定期購読予約しろ」

「街宣車回すよう連絡とってくれ」


あ、最後の二つはウソですが（笑）、とにかく、それまでの二十五年間の人生では言われたことのない指令だらけでした。いや、指令というより洗礼、いや、しくじった時の痛みを考えると割礼のようでした（無論私には割礼の経験はありませんが）。

「もたもたすんな、バカ野郎。世間じゃお前みたいな奴を上品というのだろうがな、上品ってな、欲望に対して行動がスローモーな奴のことなんだ」

繰り出す小言すべてに言葉のワープ、つまり定義が施されてしまっているのですから、たまったものではありませんでした。投げられる石つぶてがダイヤモンドのような硬さなのです（もっともそのダイヤモンドのような罵詈雑言《ばりぞうごん》のおかげで本も書けてはいるのですが）。

「俺の基準を甘くしてほしいと言っているだけだろ」

一緒に入った新弟子のほぼ七割方が辞めてゆきました。一人、「私の考えが甘かったので辞めさせていただきます」と置手紙を残して去って行った弟子がいました。

師匠は一読して、つぶやきました。

「こいつは何か？　俺の基準を甘くしてほしいと言ってるだけだろ。野球で、甘い球を投げて打たれたピッチャーは、次からは厳しいコースを投げようとするじゃねえか。自分の考えが甘くてダメだとわかったら、自分の考えを辛くすればいいだけじゃねえか。そうしたくないんだろ？　要するに自分の基準は変えたくねえって甘えなんだよな」

今でこそ嚙みしめればわかる師匠の言葉ですが、今から三十年前、当時の自分では師匠の言っている言葉のほとんどが正直、理解できないものでした。まして根っからの凡人の私は、

「(頭にかける仕草) スプレー、持って来い！」

と言われて、キンチョールを持って行ってしまうような凡才ボーンヘッドでした。

「このバカ野郎！　話の前後、聞いていれば、わかるはずだ。バカとは知識の量じゃねえ。

『状況判断を出来ない奴』をバカというんだ」

師匠の用件を満足にこなすことの出来ない形でスタートした修業生活でしたが、それは、その後なんと九年半にもおよぶ長い下積みを予見したものだったんだなあと、今さらながら痛感しています。

九年半の前座生活。

天才と凡才、圧倒的な彼我《ひが》の差を埋めるために必要な年月だったのです。

第二話

これぞ天才　談志の身体性

二つ目への昇進基準「歌舞音曲」

「俺が、お前たちに歌舞音曲をしつこく要請しているのは、俺が若い頃取り組まなかった反動でもある」

前座時分に頻繁に師匠から言われたセリフです。歌舞音曲とは、要するにかつての古き良き寄席で歌われていた小唄・端唄《はうた》、そして「かっぽれ」に代表される踊りのことです。談志が書いた文庫『談志楽屋咄』という本の中で綿密に描写されています。

今だからこそいえる恥ずかしい話ですが、その頃これを聞かされるたび、「なんだよ、それ。自分がやってこなかったものを弟子に強制しているのかよ。説得力ねえよ。そんなこと後々いくらでも言えるよ。ずるい」と正直反発を覚えたものでした。いや、なかなか昇進させてもらえないという苛立ちがそうさせてしまったのでしょう。「貧すれば鈍する」とは、あくまでも物質的な意味で、「お金がないとほんと鈍くなる」状態を揶揄《やゆ》した言葉ですが、そんな形で天才の言葉をやり過ごし、結果として無為な日々を長く過ごすことになってしまった私は精神的にも貧困でもありました。

苛烈とまでいわれていた前座から二つ目の昇進基準の一つである「歌舞音曲」は、今振り返ればそれほど高いクオリティを求められてはいませんでした。唄については、「鼻歌でいい」「落語家が落語の中で歌うレベルの音曲でいい」というあっさりとした基準でした。が、それがあっさりしすぎているゆえ、当初は基準が見えず難儀しましたし、当時のキャリアからすれば、やはり意識して身に付けようとして、アクティブに行動を起こさないと師匠のおめがねには適《かな》わないものでありました。

天才の自己批判

さて、「俺が、お前たちに歌舞音曲をしつこく要請しているのは、俺が若い頃取り組まなかった反動でもある」という言葉の言質《げんち》を取るようなつもりで、「立川流の聖典」ともいうべき、『現代落語論』を再読してみました。

やはり名著でした。「不朽」という言葉がズシンと響く内容で、発売後五十年以上経った今でも版を重ねているというところをみると、「不朽が普及もしている」というシャレのような絶大な存在感を感じています。大げさだといわれそうですが、もはやホテルに置かれている聖書のような趣《おもむき》すらあります。落語を愛し過ぎるがあまりに、他者から誤解され、迫害を受けたエピソード集という意味では確かに聖書ではあります。改めて聖典の言葉を噛みしめながら、歌舞音曲に取り組まなかったことへの述懐《じゅっかい》の箇所を、目を皿のようにしてくまなくさがしてみました。

一か所でしたが、ありました。

一四二ページの、「ウェストサイド物語に感動」の、冒頭部分でした。

「二つ目時代には、落語のほかには小唄もやらず、日本舞踊もやらなかった。／一度花柳一衛さんのところに出かけ、『奴さん』の前びきだけ教わってやめちゃったら、おこられた。／そのくせ、タップダンスに熱をあげた」

短い箇所ですが、大げさにいうと、これがのちの立川流の昇進基準を決定づける一言になったのではと確信しました。天才のたった一言のつぶやきという「ひとしずく」が、のちの立川流という大きな流れ、つまりは「大河」につながっているのではと思います。

　師匠が歌舞音曲に本腰を入れて取り組まなかったのは、師匠が若くして売れてしまって、歌舞音曲に充《あ》てるべき時間が取れなかったことが一番の理由なのでしょうが、その後悔は、まさに「天才の自己批判」ともなりました。序論で師匠の先見性について触れましたが、「俺がいなくなったら、弟子たちはどうなるのか」と将来に思いを馳《は》せたからこその歌舞音曲の徹底だったのではと今さらながら推察します。「組織という防護壁がない弟子たちは、俺がいなくなったとしたら拠り所もなくなるはずだ。つまり『個』が確立されていないと路頭に迷う」と思っていたのかもしれません。落語家の人数が東西合わせて千人いるといわれている中で、立川流だけで今や六〇名以上の人数にも達しており、修業中の前座はともかくも、二つ目以上の落語家たちが精力的に日々を過ごしている姿は、恩讐《おんしゅう》を超えた談志の弟子同士として、誇らしく思えています。

師匠の「芝浜」を見たカミサンの感想

　なぜかようにも師匠は昇進基準に際し「歌舞音曲」にこだわっていたのでしょうか。
　そのヒントになる一例として、まず「談志の伝説の『芝浜』を見たうちのカミサンの感想」をここで挙げます。

あれは師匠のお別れ会の会場でのことでした。死後一か月後に開催された追悼パーティの手伝いとして参加していた彼女でしたが、受付などをサポートしながら、会場内の巨大スクリーンに映し出された「伝説の芝浜」を何度も繰り返し見ていました。師匠が自らの芸を評して「ミューズが舞い降りた」と言ったその珠玉の「芝浜」は、二〇〇七年十二月十八日、よみうりホールで演じられたものでした。振り返ると、亡くなる四年前。芸の女神も師匠、そして観客への最後のご褒美としてその名演を授けて下さったのでしょう。

うちのカミサンは、「芝浜」のストーリーもあんまり知らない人間です。そんな彼女が後日思いもよらぬ感想を述べました。「あなたのより、ずっと所作が綺麗《きれい》」。

「芝浜」には皮財布から出したお金を勘定するなどいろんな「所作」があります。所作、つまり振り、身のこなしが美しいというのです。

私と比べたら失礼なのは当たり前です。彼我の差があるからこその師匠なのですが、彼女がしゃべりより、そこになぜ目を向けたのかずっと気になっていました。

ここでまたあることを思い出しました。

前座を数年務めていた頃でしょうか、根津の自宅で、「踊り、やってみろ」といきなり言われて、覚えたての「かっぽれ」を披露したことがありました。急だったこともあり、それ以上にまだ「踊りが身体に入っていない」ような習い始めの時期でもあったので、踊りはたどたどしいものでした。師匠は「うーむ、そうじゃねえんだよな」と言って、「俺は踊りなんか習ったことなかったが、いいものはずっと見続けてきた。踊りなんざ、当て振りでいいんだ、こんな具合にな」と、「かっぽれ」を口ずさみながら、即興の当て振りを披露しました。

それをハタで見ていたのがお内儀《かみ》さんで、「あら、踊りをやったことのないパパのほうが、踊りを習っているワコールさんよりもずっと踊りらしくなっている」と、評したのです。第三者の意見をこよなく重んじる師匠でした。ましてやその発言の主は長年連れ添うお内儀さんです。

「そんな致命的なきついこと、言わないで下さいよ」と私は心の中で泣き叫びました。

「そうだろ、ノンくん（師匠はお内儀さんをいつもこう呼んでいました）」

「うん、パパ（お内儀さんは師匠をいつもこう呼んでいました）、上手い！」

「俺、上手いだろ」

「うん、パパ、やっぱり上手い！」

二人は無邪気に笑い合います。いやはやその場にいる私が恥ずかしくなるほどの仲の良さでしたっけ。

弟子がいるのに、円満夫婦に当てつけられた格好ではありましたが、お内儀さんもそんなに落語や芸に詳しくなかったことも踏まえてみると、その昔のお内儀さんの「私の踊りへの評価」と、後年のうちのカミサンが師匠の「伝説の芝浜」を見た際の感想とが、シンクロしました。

で、気づいたのです。

これは「落語の身体性」ではないかと。

「らしく、ぶらず」

落語という芸は、下半身の動きをカットした上半身のみで演じる、制約のある芸です。一番問われるのが、「口調」です。二つ目、真打ちに昇進するに当たって自分の落語を楽屋で聞いていた先輩方から、「二つ目の口調になってきたね」「うん、真打ちの口調だ」などと褒められてよく嬉しくなったものでした。落語は「見る」というより「聞く」芸であります。落語家は「噺家《はなしか》」ともいわれますし、また「落語を見に行こう」と言うより、むしろ「落語を聞きに行こう」と言うほうがしっくり来るところからでも、口調、いわゆるしゃべりに特化した芸能だといっても過言ではありません。

口調とそれに付随する「顔の表情」さえある程度まできちんと修練を積んでいれば、前座でも「大ネタ」に果敢に挑戦することが可能と言えば可能でもあります。つまりは落語は誰にでも出来る芸能なのです。全国各地で天狗連《てんぐれん》（いわゆるアマチュアの方の落語会）が数多く開催されているのがその証拠です。大雑把に落語の構成要素を比率で表すと、口調七割、表情二割といった按配でしょうか。

さあ、ここからは仮説ですが（いや、私の論考はすべて仮説です）、その残りの一〇パーセントは「身体性」ではないかと思うのです。そしてその「身体性」を強固で確かなものにするためのツールこそ、異常なほど談志が晩年弟子たちに強制した「歌舞音曲」ではないかと。

ここでまたふと師匠の練馬の自宅に飾られた先代文楽師匠の「らしく、ぶらず」という色紙が思い浮かびます。簡単だけれどものすごく深い言葉です。それを道場のごとく弟子たちが集う玄関に置いていたことを考えると、ここに談志が明示した「プロとしての矜持《きょうじ》」を垣間見るのです。「お前たち、落語家らしく生きろ。落語家ぶるな」と。

「落語という『型』があるものゆえ、それだけをなぞりさえすれば、素人でも出来る。つまり、落語なんざ誰でも出来るんだ。ならばその前に、その型の外側にある『枠』を、まずこしらえてみろ」

確かに美術館に絵画などを観に行った場合、印象度からいえばその外枠は一〇パーセント、もしくはそれ以下の存在比率かもしれません。

が、だからといって、その枠がない状態で、「はい名画です」といきなり画鋲《がびょう》なんぞに止められた格好で目の前に差し出されても、その有難みは半減するどころか、台無しかもしれません。その一見、本筋の落語とは離れたところの、「枠」たるところに「落語家らしさ」が表れると天才的な直観で悟った師匠が、そのフレーム作りとして選んだのが「歌舞音曲」だったのではと推察します。

もっとわかりやすくいうならば、「落語家らしさ」を演出する際に一番効果的な課題として「歌舞音曲」をセレクトしたのでしょう。

談志自らは、その天才的なセンスが最初からあったからこそ、それらに傾注しなくとも落語家として羽ばたき、天下を取りました。たとえば「黄金餅《こがねもち》」の、金兵衛が僧侶の西念さんの遺体を担いで焼場に持ってゆくシーンに、談志の身体性が端的な形で発揮されています。あの場面は当人も気に入っていて、高座の写真としてよく使っていました。これから遺体をさばいて腹の中に眠る莫大なカネを摑もうとする、追い詰められた人間の切羽詰まった場面は、鬼気迫る表情と相まってその肩の重みまで観客に伝わるような気がしました。まさに身体性そのものであります。

そのような天才的なセンスを持っていない弟子たちに対する、「踊りや唄を学ばせたい」という談志の思いは、自分が歌舞音曲に取り組まなかった反省も込められた「親心」だったのでしょう。そして「親の心子知らず」の通り、師匠には長年歯がゆい思いをさせてしまったのも、今となっては悔いるのみではありあります。

落語家としての枠を作る

また、『談志楽屋噺』という師匠の著書にこんな一節があります。

「落語が好きでこの世界に入ったようなものの、己れの限界を知ってしまったのか。もしそうだとしたら、私は最大公約数としてなぜ売れないのかということを、分解して解決していったらどんな芸人でも、そこそこは稼げたと思うのに……まあ昔は社会全体が貧乏だった。まして芸人は貧乏だったから、その頃はともかくとして、現代なら絶対に何とかなる……と私は信じて弟子達に教えているのだが……」

師匠が入門し、華々しく売れるに至るまで、「いい芸を持っていたにもかかわらずに、置かれている現状と理想とのギャップに悩み、やめて行くか、あるいはそれを酒とクスリで埋めてゆくうちに死んだ芸人たちがほとんどだった」という事例を挙げて嘆きつつ、また彼らにレクイエムを贈りつつ、上記の文章を記していました。最後の一文には「弟子たちの行く末を憂いつつ、発破をかけている思い」が端的に表れているような感じがします。

この文章には、芸人の残酷な死屍累々《ししるいるい》を見続けてきた師匠が、落語の世界で生き残り、世に名を売り、自らを世間に知らしめただけではなく、さらには自らの亭号を冠にした「立川流」という一門を率いる家元としての「若き気概」を感じます。

「ここは組織なんかじゃない。俺が俺の基準で落語を作り、そしてそれを演じる俺と同じ価値観を有する落語家をこしらえる養成所なんだ。俺がたとえいなくなったとしても、それぞれが独り立ちしてゆけるような『大枠』を作ってやらねば」

そんな師匠の魂の叫びが聞こえてきました。あの頃、あれほど悪戦苦闘させられた歌舞音曲にはそんな深い意味があったとしか思えません。

「落語の身体性という外枠作り」

今しみじみとあの頃の自分を反省しています。

第三話

立川流を創設した理由

前座修業とは

落語家は入門すると、まず、「見習い」というランクに置かれます。これは、企業でいう「試用期間」であります。要するに、「一応弟子としてそばにいることを許可はしたが、まだ本格的には信じてもらえない」という立場です。ここで、「すぐやめないだろう」「楽屋泥棒などはしない」という、「消極的な評価」が下されると、前座名が付けられます。私の場合は、「立川ワコール」。以前勤めていた会社の名前そのものでした。「談」の字か、「志」の字を付けてもらって、「晴れて談志の弟子になった」という実感すら味わわせてもらえないほど、私は「使えないドジな弟子」だったのです。

しかも、そんな絶対NHKには出られない名前をもらうのに、入門から一年二か月という長い年月がかかってしまいました。前座名が付くということで、ここで初めて談志の弟子になれるのです。つまり、ここからほんとの意味での修業生活が始まります。「プロの落語家になる」ということは「前座修業をやり抜く」という徒弟制度を意味します。ここがいわゆる吉本などの養成所を経由する「お笑い芸人」などとは違うところです。極端な区分けをするならば、あちらは「テレビに即した技芸を開発する芸人」を作るのを目的としているのに対し、こちらはあくまでも「落語をしゃべるのを前提とする芸人」を作るのを目的としていることの違いでしょうか。

やや上手いこと言う風に定義するならば、要求されるのは、前者はセンスという瞬発力、後者は扇子を持つまでの忍耐力とでも申しましょうか。逆に、普通のそのへんを歩いているようなお兄ちゃんでもいっぱしの修業さえ積めば、後者の世界では凡才でも生きてゆけるという緩やかさはあるような気がします。そのへんの穏やかさが、この落語界の魅力なのかもしれません。

さて前座修業を終えると「二つ目」という身分になり、ここで初めて「落語家としての存在」が認められて、自由な立場になります。さらにそこで修練を重ねて「真打ち」というランクになると今度は「弟子を取っていい立場」となり、いわゆる「暖簾分け《のれんわけ》」がなされます。二つ目、真打ちへの昇進基準は立川流の場合ですと、それぞれ、二つ目が「落語五〇席プラス歌舞音曲」、真打ちが「落語一〇〇席プラス二つ目昇進時以上の歌舞音曲」という具合に基準が決まっています。

徒弟制度のほうが天才は生まれやすい

なんでここで立川流に代表される昇進基準を持ち出したのかというと、江戸時代から連綿と続く徒弟制度を、このご時世でも堅守しているのが落語界だと考えた場合、かように強烈な身分制度のあるコミュニティ＝閉鎖的空間のほうが、「天才」は発生しやすいのではという仮説が私の中にあるからです。モーツァルトがその才能を如何なく発揮できたのも、「宮廷音楽家」という世間とは隔絶された絶対的なヒエラルキーの中に置かれていたからとも思えます。モーツァルトの「書き直しが一か所もない楽譜」と、「一度聞いただけで落語はほぼ頭に入ってしまった」という若き日の師匠の姿が重なります。有象無象《うぞうむぞう》がうごめく世間一般の多様化した価値観にさらされないガラパゴス的環境こそ、天才を生む土壌なのかもしれません。

徒弟制度とはある意味「枠」のことであります。内燃機関の外壁装置のようなイメージでしょうか。常識的な社会とは幾分隔絶されたコミュニティが「徒弟制度」の枠内だとすると、世間一般の常識からはかけ離れた世界が構築されやすく、そのほうが「常識から逸脱した人材」、すなわち天才を輩出しやすいのではという仮説を抱いています。常識の影響を受けるというのは、同時に「矮小化」させることでもあります。談志という天才を生んだ落語界はまさにそんな環境でもあったのではと想像します。それが、落語をはじめとするお笑い、映画、文学、音楽などの芸術およびスポーツ、つまり「表現」の世界に天才が輩出する理由ではないでしょうか。サラリーマンの中から、天才が現れにくいのはそこかもしれません（無論天才はもともとサラリーマンを志向しませんが）。まずは環境、土壌なのでしょう。

寄席のような緊急避難の場はない

将来へははばたくべき未来の落語家の卵たちは、ある程度、外部とは隔絶され、いろんなものからシャットアウトされた場所に置かれるわけですが、その際一番怖いのが「効率」を追い求める現代の価値観に翻弄されてしまうケースです。「時代遅れだよ」なんて、私も前座時代に訳知り顔の半可通《はんかつう》の大学の先輩方によく言われましたが、「時代遅れ」でないと芸人らしくならないのですから、その指摘はナンセンスなのです。「効率」とは真逆な世界こそが前座修業なのです。

ただ、そういった後進の育成の場として伝統的に機能してきた「寄席」という場所を拒絶したのが立川流でした。寄席は落語界のしきたりを学ぶ厳しい道場でもありますが、同時に前座仲間などいわゆる同世代の落語家たちが肩を寄せ合い、先輩からの軋轢《あつれき》を緩和させることの出来る「安らぎの場所」でもあります。つまり、寄席に出ない立川流には談志の前にいる限り、「逃げ場」すらないのです。その苛烈さを象徴するのが「前座は侮蔑語」という師匠の言葉ではなかったかと思うのです。実際立川流には「同期」という存在の落語家仲間はいません。タテのつながりこそすべてです。

「俺のところに来たということは、寄席のような緊急避難の場所はないと思え。そのために俺はキャリアや年数ではない昇進基準を設けた。前座とは入門初期の落語家への生易しい呼称ではない。侮蔑語なんだ。ここは落語協会ではない。俺の基準ですべてを決める立川流なんだ。侮蔑されるのが嫌だったら、とっとと昇進しちまえ」

「前座という身分に恥ずかしさを感じろ」。つまりは、「その恥ずかしさに対する感受性こそが、昇進への原動力なんだ」という教えだったような気がします。そして同時に「そんな恥ずべき期間をお前は七年以上もやっちまっているんだぞ、恥を知れ」という私への脅しだったのでしょう。いずれにしても、今こうして師匠の言葉をやっと振り返って分解、咀嚼《そしやく》している私です。今やっとわかったレベルの私ですから、当時のリアル談志言葉はまるでわからない難解なものでした。

落語協会から脱退した理由

改めて、師匠が立川流を創設した理由を考えてみたいと思います。

弟子の真打ち昇進試験不合格が発端となったといわれていますが、それまで積もり積もった鬱憤《うつぷん》が師匠にはあったのでしょう。原因は一つだけではないとはいえ、「俺の認めた弟子を真打ちとして不合格にするというのは、俺の基準を否定するのか！」と師匠の怒りたるやものすごかったと、その当事者である談四楼《だんしろう》師匠に聞いたことがあります。落語協会へのあらゆる不信感が累積してゆく中で、真打ち昇進試験が、協会離脱のきっかけになったのでしょう。自分の基準を否定されたということは、「自分の理想を穢《けが》された」という具合にさらに思考を発展させるのが、ロマンチストである師匠なのです。

「向こうがそのつもりなら、俺は理想を貫く」

こんな意志を持ったであろうことは想像に難《かた》くありません。談春兄《アニ》さんが、「立川流は研究所だ」と言ったことにもつながります（ちなみに、「自分が入門前、真打ちの手前である前座、二つ目だった兄弟子」を落語家は「兄《アニ》さん」と呼び、「自分が入門した時から真打ちだった兄弟子を「師匠」と呼びます）。

つまり、落語協会や落語芸術協会などの「組織」は、「ごく普通のお兄ちゃん」でも、長年培《つちか》った落語家養成システムに沿って教育を受けてゆけば、誰もが落語家になれるという装置でもあります。つまりこの二つの団体は、ある意味「落語家メーカー」であるともいえます。先祖代々受け継いできた伝統の「鋳型《いがた》」があり、そこに溶かした金属のようなふわふわした落語家志望者を放り込みさえすれば、誰でもそこそこのレベルというか、世間一般がイメージする落語家像に鋳造《ちゆうぞう》されます。そこできちんと修業を積めば一定の水準にはなれるという、素晴らしいといっていい制度なのですが、談志は、この一連の製造工程に異を唱えたのです。

要するに、談志がこの「鋳型」から作ろうとしていたのが立川流だったのではないかと思うのです。

それにつながるはずの回想をします。

私が落語に興味を持ちましたのは、昭和五十九（一九八四）年、大学に入ってからでした。落語研究会にも入部したのですが、今から三十数年前のあの頃は立川流の創世期だったせいか、落語といえば落語協会という認識でした。まだ世間一般は、談志が立川流という一派を作ったというより、「談志一門が寄席から独立した」というイメージだったのです（落語協会側から見れば「追い出した」という印象でしょうか）。落語というと談志門下を追っかけるというより、従来の寄席こそが落語の本寸法《ほんすんぽう》という風潮でした。要するに立川流を創設したというよりは、「談志が寄席に出なくなった」ぐらいの雰囲気でした。それぐらい冷ややかでありました。談春兄さんの『赤めだか』はそのあたりの描写が秀逸です。ドラマ版も面白く、あの放送を観た知り合い数人から「あそこに出てきたリリー・フランキーさんが演じた嫌味な演芸評論家は一体誰なのか」と問われましたが、あれは特定の個人ではなく、立川流を取り巻く空気全体の象徴としての存在だったように思えます（多分その通りでしょう）。

あれから三十数年。立川流は、今や孫弟子も含めて六〇名を超す大所帯になりました。志の輔、談春、志らくら立川流開設以後の弟子の活躍と、それ以前に師匠を慕って入門してきた大先輩らの日頃の地道な努力の積み重ねによるものだと確信します。

さて、落研入部当時は、私は、真打ち昇進五年という小朝師匠の追っかけのようなことをしていました。頻繁に開催される小朝師匠の独演会ものべつ満席で、NHKで特集が組まれるほどだったと記憶しています。大学三年の発表会「三年之会」では、ラジオで流れていた「『源平盛衰記』より『扇の的』」の、ギャグ部分だけを自分でこしらえて、そのほかの部分は完全小朝師匠のコピーで演じていました。

ラジオでの噺のマクラで、小朝師匠は、「談志のいなくなった寄席のさびしさと、快適さ」を笑いに乗せて訴えていましたが、噺に入る直前に「ずっと談志師匠から、『講釈をやれ』と、言われ続けてきた」と振ったのです。以降は小朝ワールドでオリジナルのくすぐりだらけの爆笑モノだったのですが、そこに談志からの注文に応えるべく、「講釈」を挟み込んできました。「扇の的」の主人公である那須与一《なすのよいち》のコスチュームの紹介を講釈調に語ってきたのです。流麗な口調とも相まって、さながら「めんどうくさい学校の先生からの無茶振りに見事に対応する優等生」といった風情《ふぜい》だったのを今でも思い出します。

寄席の楽屋で、若手で伸び盛りだった小朝師匠に「講釈」という課題を出し続けていたことを考えると、共通の鋳型で一定水準の落語家を作る装置としての落語協会ではなく、「自分好みの弟子を育て続けたい」という夢を抱いていたのではないでしょうか。外野やら外部からの意見をシャットアウトし、自分の理想とする落語と落語家を作るには、量産が前提の鋳型ではなく、思いの丈《たけ》を込めた「自分のオリジナルの鋳型」でなくてはならないと、談志は思ったのです。

弟子も、自分の死後に残る作品

鋳型作りという過去に前例を見ない行為は、試行錯誤が前提です。作品を作るのではなく作品を作る機械から作るのですから。

その試行錯誤は、自ら演じる落語とも連動します。試行錯誤は、安定を拒絶します。不安定だからこそ、自ら定めた落語の根幹的定義「落語は人間の業の肯定である」すらも揺さぶり続けることになり、その後「落語はイリュージョン」、そしてついには、「江戸の風」へと変遷させてしまう経路をたどることになります（詳しくは第六話で述べます）。すべては「理想の落語と落語家像をこしらえる鋳型作り」の招いたことだったのです。このことは同時に、「理想の落語を作ること」と「理想の落語家を作ること」とが、師匠の頭の中では不可分の領域だったことの証明にもつながります。

私が入門した一九九一年の頃は、談志自身も五十歳半ばを超え、壮年の域から老年へと、芸を円熟させる時期にさしかかっていました。弟子も自分の死後に残る作品として捉えていたようにも見受けられます。つまり鋳型をこしらえながら、弟子という作品もこしらえるという、凡人では到底達成できないような天才ならではの芸当をやってのけなければならなかったのでしょう。そんな状況ゆえに、課題をクリアするごとに昇進基準が一つ付加されるのは、師匠からしてみれば当然のことだったのかもと、今は想像するのみではあります。

以上のことは、今だからこそ分析できる結論で、前座だった当時は正直たまったものではありませんでした。

完全独立状態の理想落語家空間

以上を踏まえ、立川流を一言でいうならば、談志が一般常識をも含めた周囲からのさまざまなノイズからシャットアウトさせた、完全独立状態の理想落語家空間であるといえるでしょう。そして同時に落語家養成機関でもあります。理想の落語を追求し、その理想を後世にまで伝えるには、それに準じた落語家を作り出す役割も担わなければなりません。

「ここでは、俺がルールだ」。師匠には何度もそう言われました。会社ならば雇用者と被雇用者との間で交わされるはずの規約書や契約書などはありません。談志自身が生きた契約書なのですもの。昇進基準が朝令暮改のごとく変えられてしまうような不条理に対する解答として、いつもこの言葉を冷徹に弟子たちにぶつけてきたものでした。

談志の一番の魅力

もしかしたら、立川流というのは天才たる談志の編み出した「発明」なのかもしれません。旧態依然とした（ようにしか談志に見えなかった）落語協会に対するオリジナルの発明作品が立川流なのです。天才は常にアップデートし続けるものです。当時我々が面食らった二転三転する昇進基準こそがその証拠なのでしょう。発明が革命の呼び水となって、以来そのあとを行く精鋭たる先輩たちがまたそれぞれの発明の発端となってゆく。そんな永久運動を談志は予期していたはずです。それが天才たる所以《ゆえん》です。

が、談志の魅力の本質はそこではありません。弟子として振り返ると、一番は天才性とは真逆の「人間的な魅力」ではないかと思うのです。

天才とはある意味、冷血の爬虫類《はちゆうるい》的要素が強いケースが目立ちます。「従来では想像できなかった解決策を繰り出して、その人以前とその人以降とで景色を変えてしまう人」が天才の定義ならば、そこには情は存在しない場合がほとんどです。血の通う判断を完全に無視するぐらいのサイコパス的差配がないと世界は変わりません。

これに対して談志は真逆の哺乳類でした。どこまでもせこく、どこまでも人間臭さを放出していました。談志はそこが弱さでもありました。

「俺が完全にアメリカナイズされた思考なら、お前みたいなのは絶対に承知しないんだが、日本教たる俺もそこにいる」。そんなことを言われたこともあります。「日本教」というのは、師匠が愛読していた山本七平の著書の中に出てくる言葉で、頻繁に使っていたものです。私は前座の身分なのに結婚をするという、立川流のルール違反を犯してしまったのですが、その際も「俺の築き上げたコミュニティである立川流の中においては、前座の身分で結婚するなんて、ルール違反も甚《はなは》だしいが、俺のところでよその団体の三倍もの厳しい修業を乗り越えてきているお前なんだから、多少はその存在を認めてあげたいなとも思う」、つまり「俺を悩ませるな」ということなのでしょうか。

第四話

談志が落語界にもたらした変革

「これは、上手いけど流れちまうんだよな」

歴史物が結構好きで、読み進めていると気がつけば朝だったということがたまにあります。吉川英治の『宮本武蔵』は前座の時、壁に直面するたび何度も読み返したものです。名作は読み返すたびに新たな発見があり、いつもときめいています。司馬遼太郎はやはり『燃えよ剣』ですな。土方歳三《ひじかたとしぞう》を主人公に据えた小説ですが、近藤勇《いさみ》に会ったことだけで覚悟を決めてしまった男の潔さに、痛烈に揺さぶられてしまうのです。やはり、これも熟読したのは前座時代でした。

私も談志に「俺に殉《じゅん》じてみろよ」と言われたことがありました。私のような鈍くさい弟子までそばに置いてくれた方です。「スイスイ行かなくたっていい。どうせ曲がった人生じゃないか」と、温かい手を差し伸べてくれたような発言でした。「俺に殉じてみろ」。何度噛みしめてもしびれる口説き文句です。

かような前座時代の背景から、土方が近藤を見つめる目線と、自分が談志を見つめる目線に、相似形を見出していたりしたものでした。名作は読者にそのような誤読をさせてしまうものです。そのように救いを求めて、すがるように読んだものでした。

そして名作は残るのです。どこかそれらにはごつごつ感があります。司馬遼太郎も、吉川英治も、ともに上手い文章だらけという印象はありません。そんな差配を見せないメタ認知的なところがまた名作たる所以なのでしょうが。

談志は、上手い若手の流麗な落語に接すると、「これは、上手いけど流れちまうんだよな」と、かつて自身がそのような陥穽《かんせい》に落ちかけた過去を述懐したものでした。あまりにリズムとメロディがいいと、心に残らないというのです。

文章では名文を、落語では名調子を目指したいものですが、さらに「残る」というランクに昇るためにはまだまださらなる精進が必要な私ではありません。

「歴史なんて、勝った奴が勝手に塗り替えてしまうもんだ」

さて、なぜ歴史物に夢中になるのかというと、断片的な事実のつなぎ合わせの中に、フィクションを介在させる余地があるからではないかと思うのです。談志はかつてマクラで、「歴史なんて、勝った奴が勝手に塗り替えてしまうもんだ」とよく言っていたものです。

「あんだろ、ニュートンがリンゴの木からリンゴが落ちたのを見て、万有引力を発見したなんて話な。あれなんか、最初は、『ニュートン先生、どのようにして引力を発見したのですか？』と問われて、あれはですね、これがこうなってと、丁寧に数式でいちいち説明していたんだろうよ。そのうち、あんまり大勢聞きに来るもんだから、当人がめんどうくさくなって、『ああ、あれね、リンゴが落ちたのを見てたまたま見つけたんですよ』と言ったのが広まったのかもしれない。

中江藤樹《なかえとうじゅ》の逸話な。病弱な母親と離れ、じいさんの家で、住み込んで勉学に励んでいたというアレな。母親が心配で心配でいい薬が入ったんで届けに行ったら、母親が、『男子は一度目標を持って家を出たら、滅多なことで戻ってきてはなりません。帰りなさい』と言って戻したという。あれだって、ホントのことはわからないぜ。母親がよその男引っ張り込んでいたのかもしれねえよ。歴史なんて、当事者以外はわからないもんだ」

若い頃、よくこんなマクラを振って当時の十八番の「源平盛衰記」に入ったものでした。談志の「源平」は吉川英治の「太平記」の熟読によるものでした。そういえばよく「太平記を読め」と言われたものでした。

「俺は『宮本武蔵』は読んでいない。『太平記』だけで充分だ」とも言い切っていました。ちなみに師匠も大好きな本は繰り返し読むタイプでした。代表的なのが子母澤寛《しもざわかん》の『父子鷹《おやこだか》』でしょう。「江戸弁の見事さに戦慄《せんりつ》が走った」とはよく言っていました。談志の定義では「御一新の時に、幕府側の肩を持つか、薩長側の肩を持つかで江戸っ子は決まる」とのこと。無論談志は旧幕府側でしたっけ。

さて、その「源平」。談志が三十代の血気盛んな頃、よく高座にかけた噺でした。そこには世相批判、ブラックジョーク、ウィット、パロディ、エスプリが満載で、明らかに後の世代のたけしさんへとつながってゆく原点といった位置づけだったはずです。

「立川談志＝織田信長」説

つまり、客観的に発生した案件と案件とを結ぶ空白部分に、物語性を見出すことこそが歴史物の魅力を生んでいるのではないかと思うのです。

歴史物をこんな目線で読んでゆくと、「人間って、いつの時代も変わらないものだ」というような普遍的な真理にたどり着くような感じがします。司馬遼太郎は、「突如、超合理的思考を持ち、カリスマ性を発揮する異端児が現れる。その天才性ゆえ、迫害されることになるが、後世へとつながるシステムを開発する。そしてそれが安定期を迎えるが、その後停滞し、やがて腐敗してゆく。そしてそれらを一気に凌駕《りょうが》するような天才が再び出現する」という流れを看破しました。坂本龍馬が、その筆頭でしょう。

また、織田信長はアナーキーともいうべき才覚で、それまでの領国経営や戦《いくさ》のあり方を変革し新たなシステムを生み出しました。その後、秀吉が上手にその遺志を受け継ぎ、さらに家康が先人たちの失敗を踏まえ、定着化させてゆきます。

家康の築いた江戸時代も末期になると停滞期を迎え、腐敗してゆきます。その淀んだ空気感をがらりと変えようとしたのが、坂本龍馬だったという展開です。

まさに、談志は落語界の織田信長でありましょう。

本人曰く「俺は落語の世界に突如現れた突然変異だ」と言い切っていたことが何よりの証

拠です。誤解されるのは当たり前だと言わんばかりに、振る舞い、それまでの落語家像を根底から変えてしまいます。

「もし俺が落語家にならなかったら、落語家の世界は、穏やかでのんびりとしたものだったはずだ」ともよく言っていました。

当人は講釈師にも憧れた時期があったそうですが、ま、講釈師になったらなったで、今度は講釈師の世界ががらりと変わっていたはずでしょうね。

談志と信長は、双方共に芸事や芸術を愛した点もつながります。また立川流とは、談志が落語家人生の中盤以降に、思いの丈を描ける空間として機能した「楽市楽座」のような芸能特区でした。

スピード感と、演者のパーソナリティ

談志は落語界に、どのような変革をもたらしたのでしょうか。

まずはそのスピード感でしょう。先日談志の二十代の頃の「反対俥《はんたいぐるま》」の映像を観たのですが、とにかく速い。それもただ早口で語るのではなく、きっちり間も取り、そのリズムに破たんがまるでないしゃべりでした。明らかに、新時代の到来を予感させるものでした。い

や、あんな若手がいたら、悔しさしかないはずです。「師匠でよかった」と、嫉妬すら感じました。

十年一日のごとく、伝わってきた落語をマクラからずっと同じスタイルでやり続けてきた狭いコミュニティを、一気に破壊するパワーをその口調の早さから感じました。談志の出現以降、落語家のしゃべるスピードは格段に速くなっているはずです。無論エビデンスに基づいたデータではありませんので確実なことはいえませんが、おそらく間違いないはずです。マクラを時事ネタ満載のものにしたのも、談志が初めてでした。

晩年、『立川談志遺言大全集10』の中で、「落語というのは『演者のパーソナリティ』以外の何物でもない。ナニ、落語だけではなく芸能のすべてといってもいい」とまで言い切っているることをみると、若き日のあの「反対俥」はその萌芽とも思えてきます。

談志の「パーソナリティがすべて」というのはもはや口癖でした。ある飲食店の店主との会話で、店主が冗談交じりに「いや、なかなか食べてゆくのに精一杯なんです」などと商売の苦労を正直に吐露した時、談志が「いや、最終的にはマスターのパーソナリティなんです」と丁寧語で応対していたことを覚えています。

芸能のすべてというより、個人経営の人間へのはなむけのような言葉であったのかもです。

談志がいうパーソナリティとは、「周囲に認知された個人の魅力の総称」ではないかと考えています。談志が毒舌を吐いても許されるような、毒蝮三太夫《どくまむしさんだゆう》さんが「ババア」と言っても嫌われない理由と、関係があるのではと考えています。これはつまり、「自称する類のもの」ではなく、最終的には周囲から認められて初めて知れ渡るものなのでしょう。大衆との間の「信頼関係」とも読み替えることも出来るはずです。

談志は、弟子の育成についても、「パーソナリティこそすべてなんだから、その土台で基礎を構築すべきなんだ」と考えていたと思われます。立川流の前座修業期間が異様に長いのも、そのためなのでしょう。前座期間は、己のパーソナリティと向き合い、それを陶冶《とうや》する時期なのです。

「談志＝日蓮」論

以前出演させていただいた「メルマ旬報ＴＶ」では、談志を日蓮にたとえてみました。

なぜでしょうか、日蓮宗関係の方に、談志の熱烈なファンが多くいらっしゃいます。その恩恵に弟子である私もあずかり、定例独演会を開催させていただいている地元浦和の日蓮宗のお寺・円蔵寺をはじめ、日蓮宗のお寺さんに呼ばれるケースが多いのです。

日蓮も、仏教界において異端と見なされる人生を送りました。そして相次ぐ受難に見舞われます。佐渡に流されたり、由比ヶ浜《ゆいがはま》は竜の口でも生命を奪われるような危機に襲われます。

談志もそんな嵐のような落語家人生でした。十六歳の生意気盛りのまんま入門し、その勢いのまま二つ目、真打ちへと昇進し、さらには国会議員に当選し、沖縄開発庁の政務次官を、三十六日間も務めたかと思えば、小さん師匠からの破門。これは、日蓮宗でいうところの「法難」でしょう。その後理想郷たる立川流を創設したものの、当時を知る談春兄さん曰く「あの師匠でさえ、仕事が激減していた時期もあった」とのこと。

いや、私が入門した老年期手前の時期ですら、「シャークハンター必殺隊」なるものを結成し、その頃世間を騒がせていた瀬戸内海沖のサメ（ホオジロザメが人を襲うという事件が発生）の退治に出かけて物議を醸《かも》したものでした。しかも記者会見の時に、レポーターからの「なぜこの時期行くのですか？」という問いかけに対して、死者すら出ている最中《さなか》なのに「興味本位に決まっているだろ」などと発言したりもしていました。今ならば確実に炎上していたはずでしょう。当時森田健作さんがそのことをテレビで批判したのを知った師匠は、

「あいつに投票するなよ」とよくネタにしていたものでした。

また談志も「四箇格言《しかかくげん》」を唱えた日蓮同様、他の流派を批判しました。「四箇格言」とは「真言亡国、禅天魔、念仏無間《むけん》、律国賊」の四つで、読んで字のごとくですがそれぞれ真言宗、禅宗、浄土宗・浄土真宗、律宗を非難したものです。日蓮はあらゆる経文を読みこなし最終的に「法華経」にたどり着きました。つまり日蓮における「法華経」は談志における「談志落語＝立川流」に相当します。無論これはリテラシーが必要とされるセンシティブな内容ですので、真っ正直に受け止めすぎてはいただきたくないのですが、その後日蓮宗と他の宗派の間で西洋でいうところの宗教戦争的な展開に至っていないところをみると、「日本仏教のおおらかさ」を感じます。やはりその底辺にどこか「愛」があったのでしょう。

談志も他宗というか、他の流派に対してよく悪口めいたことを言ったものです。が、その悪口は、半分は相手が「わかってくれるだろう」という「甘え」に基づいたものでした。つまり、信用できるような人にしか、発信されないものでした。師匠の死後、談志の悪口に逆恨みするような発言をする人たちが目立って表に出てこないのは、その何よりの証左だと思います。

また、宗祖の名が冠されている宗派は「日蓮宗」だけなのも、「立川流」と同じ匂いがします。

さらには日蓮宗には、世界三大荒行の一つとされる「百日大荒行」があります。毎年十一月一日から翌月二月十日まで行われる、睡眠時間三時間、寒風の中一日七回もの水を浴びる苛烈な修行は、立川流の前座修業と同じかもと勝手に共感を覚えています（無論、立川流はそんなに厳しくはありませんが）。

そういえば談志本人も、「日蓮は、格好いいよなあ」とよく言っていたものでした。「同病相憐《あわ》れむ」といった心象風景だったのかもしれません。

さて、談志が日蓮なら、他の落語家はどう置き換えられるのでしょうか？

談志の同世代でやはり落語界をけん引し続けてきたのが、十代目柳家小三治《やなぎやこさんじ》師匠でした。マクラが数十分におよぶこともある独特の世界観は、談志の描く落語とは真逆の世界でしたが、やはり落語の魅力を充分に堪能させてくれる名人です。あのボソボソとしゃべるところから展開されるのは、まさに「禅味」といった風情でしょうか。たとえば、風流な書を遺した良寛でしょうか。師匠が個人的に苦手にしていたのがよくわかります。

「金払って観ていい落語家は、俺と志ん朝《しちょう》だけだ」とまで言い切った志ん朝師匠（三代目古今亭志ん朝）は、親鸞《しんらん》のような感じがします。志ん朝師匠の落語は、明るくきれいで、悪人がまったく出てこないところから「悪人正機説」を想起させます。「『文七元結《ぶんしちもっとい》』なんてあんないい噺はあり得ない」と言った人に、「それが江戸っ子の良さなんです」と言い返したという志ん朝師匠の落語はまさに性善説そのものでした。また浄土真宗系は、説法の教えが前提ですので、その宗派のお坊さんたちが皆しゃべりが上手というのもなんとなくつながるような感じがします。志ん朝師匠が親鸞ならば、その師匠たる実父の志ん生師匠はやはり「法然」でしょうか。ここにも系譜を感じるばかりであります。

あとは、談志とは一時期肝胆相照《かんたんあいて》らす仲だった先代圓楽《えんらく》師匠（五代目三遊亭圓楽）は、とにかくマスコミで売れた顔を活かし、地道に地方を回って、落語をわかりやすく広めたという点を考えると、まさに空海でしょうか。地方のホールに圓楽師匠が行かなかったところはないというほどでした。私自身、一番初めに接した著名な落語家は先代圓楽師匠でした。

第五話

枯れた芸を唾棄した談志

「落語＝老人の芸」というイメージ

勝負の世界と芸の世界は、何が異なるでしょうか。前者は優勝劣敗というはっきりした境界線の上で決着をつけようとする「白か黒か」の二元論世界であるのに対し、芸の世界は、最低限の巧拙というプロとしての一定のレベルをクリアしたのならば、そこから先は、延々と続く長期戦を要求される「白も黒も」の一元論の世界なのです。つまりは「生き方すべて、死ぬまでが芸」なのです。だからこそ私のような五十代の落語家でも「いつかはきっといい芸を」と奮闘できる余地があるのであります。

昔昔亭桃太郎《せきせきていももたろう》師匠は、「プロ野球選手の四十歳は落語家の八十歳だ」というギャグを言っていましたが、あながち誇張だと言い切れません。八十歳を優に超えてもお達者な三遊亭金馬師匠（現・二代目三遊亭金翁）や桂米丸《よねまる》師匠の姿を見ると納得します。

ところで、世阿弥の『風姿花伝』に次のような言葉があります。


「能は、枝葉も少なく、老木《おいき》になるまで、花は散らで残りしなり」


前後の文脈も含めて意訳すると、「肉体は衰えても、芸の鍛錬さえ怠らなければ、老木になっても花が散らずに残ってゆくものだ」というような意味です。芸は蓄積されてゆくものなのかもしれません。見えないものだけに、積み重ねのイメージを持つのも許されます。「積み重なってゆく芸が老いを凌駕する」という意味が、転じて、巷間《こうかん》でよく言われる「老いたいい芸」「枯れた至芸」などという評価にもつながってゆくのでしょう。

小沢昭一さんは、「落語とは老人の芸だ」と言っていました。

「白髪頭か髪の毛のなくなったおじいちゃんがボソボソと小さな声でしゃべってじんわり笑うもの」が落語に対する一般的なイメージかもしれません。いつでしたか、以前、とあるIT企業から落語と講演の依頼を受けて、六本木の喫茶店で若き女性経営者の方と待ち合わせした時のことです。その経営者の方が、会議が長引き、さらに首都高の事故による大混雑に巻き込まれ、二時間近く遅れて店にやってきたのですが、普段着のラフな格好の私の姿を見るなり、「落語家にしてはお若いのですね」と言われました。その方は道中ずっと「白髪で角刈りの着物姿のおじいさんがキセルを咥《くわ》えながら『おせえじゃねえか！』と怒っているイメージ」を思い浮かべていた、とのことでした。

この方に限らず世間一般にはまだ「落語家＝老人」という固定観念が強く残存しているような感じはあります。また落語自体にも、登場人物が「ご隠居さん」や「糊屋のばあさん」や、「大家さん」などなど、年配の方を彷彿《ほうふつ》させるキャラが比較的多いことがそれに拍車をかけています。そして一番は修業年月の長さ、つまり「落語家は一人前になるまでに時間がかかる」というような世間に合意された感のあるイメージにより、この固定観念はより強くなるのでしょう。かようなさまざまな理由が、小沢昭一さんのその発言につながっているのではと察します。

「枯れた芸」を真っ向から否定

そんな「老いたいい芸」やら「枯れた至芸」を真っ向から否定したのが、立川談志でした。

談志は常々、「枯れたいい芸なんて、ありゃしない」と言い張っていました。「年取って他に褒めようがない時に言うような言葉だ」とまで言い切りました。それは、終演後全身汗だくになってしまうくらい、全身全霊で落語と向き合う生き方を選んだ人間だからこその思いだったのでしょう。

立川流は寄席には出ません。活動の場は必然的に全国各地の独演会が主となります。寄席がメイン会場の落語家ですと持ち時間は二十分前後、片や独演会は三席二時間です。しかも前者はあっさりやって降りてくる寄席ならではの美学がありますが、談志は地方でも手は抜きません。明らかに「落語は初めて」というお客様を前にしての時でも、「文七元結」などの大ネタを惜しみなくかけていました。

つまり、ここからは想像ですが、「『枯れたいい芸』などと言っているのは、ただそこに居場所を求めた甘えにすぎない。落語と真剣に向き合っていないからそんな言葉に寄りかかろうとしているだけだ」と談志は訴えていたのではと思うのです。必死に落語と格闘していれば、そんな将来の年金を当てにするような「枯れたいい芸」なんか目標に出来るわけはない、と。

もっといってしまえば、「『枯れたいい芸』というのは『安住の地』じゃないか。寄席で

『十年一日』のごとくまったく創意工夫もない呑気な空間にのんべんだらりとしているからこそそんな発想が出て来ちまうんだ。いつだって今を、今の世の中を切り取り続けなければいけないいんだぞ」と。

「売れてねえ奴は東京の寄席に出て、売れている奴は地方のホールで独演会をやっているものだ」

　これもよく談志が地方の独演会のマクラで言っていたセリフでした。

　その薫陶《くんとう》を受けた弟子の筆頭が志の輔師匠です。今から二十年以上前でしょうか、私が前座として志の輔師匠の地方公演に同行したことがあります。当時は今以上に連日全国各地の独演会に回る日々で、行った先々で二時間以上正座してしゃべるわけですから、膝にかなり負担がかかる。志の輔師匠はグリーン車のチケットを取る際、自分の前後の座席も確保して、足を延ばして移動していました。そんな光景を目《ま》の当たりにして、「売れっ子は大変だなあ」としみじみ思ったものでした。

落語とリアルタイムに対峙する

「枯れた芸」を徹底拒否するのは、同時に「落語とリアルタイムに対峙《たいじ》する」という宣言でもありました。そしてそれは自身の著書に何度も書き続けた「落語を趣味人の対象にしたくない」という頑《かたくな》な決意表明でもありました。

「健全なる精神は健全なる肉体に宿る」の通り、私が入門した頃はもとより、中盤時期も、談志は血気盛んでした。朝、起きぬけにステーキを食べていたり、映画の試写会などのプライベートにも同行すると、駅の階段なんぞは当時二十代の私なんかよりも速く歩いていったものでした。そのせいか、よく師匠を見失い、烈火のごとく怒られましたっけ。そしてその怒った反動で、時折優しくなり、「お前も、俺と付き合えるのは、十年ないぞ」などと言われました。その時は、談志に対して抱く感情の九割が恐怖感だったもので、「え、十年も付き合わなければならないのか」と、談志の快活ぶりからそう思ったものでした。

「俺もあと十年だな」

私が入門した時、談志は五十五歳でした。まさに壮年期ですが、一昔前の社会ならば定年を余儀なくされる年代です。快活だった談志にも、衰えや老いは確実に近づいて来ていました。

入門六年、一九九七年秋のことでした。最初のがんが師匠を襲います。初期の食道がんで、その道の権威である名医により、無事手術は成功しますが、以後、本人曰く「モグラ叩きの了見で」、がんと向き合うような人生を歩みます。当時六十一歳。「談志の黄金期は六十代だった」と多くの談志ファンや評論家が述懐していますが、芸の飛躍の裏側で、病との闘いもこなしていた格好でした。

入院した初日のことでした。テレビカメラが談志を追います。レポーターがマイクを向けて、「テレビを見ているファンの方に一言お願いします」と言うと、「俺のファンはテレビなんか見ねえよ」と、いかにも談志らしい返しをしたのをはっきりと覚えています。こんな按配ならまだまだ師匠は大丈夫だろうと思ったものでした。

手術成功後、半年もしないうちに、私の故郷の長野県丸子町《まるこまち》（現上田市）で談志独演会が開催されました。がんから生還した直後であったためか、その時は妙に優しかったことを覚えています。前座として落語を一席語り終えたあとに踊った「奴さん」の評価が高かったせいかもしれません。また故郷への凱旋《がいせん》という意識が働いていたせいかもしれませんが、いつもとはまるで違ってとても穏やかでした。

春まだ遠い上田駅でした。太郎山《たろうやま》という上田市民のなじみの山から時折吹き下ろす風は、さすがに身を切るような冷たさでした。

汽車の待ち時間で、談志は寒さに凍《こご》えながら、おもむろにバッグの中からあるものを取り出しました。見ると、最前丸子文化会館セレスホールでの楽屋に出されていたケータリングの苺でした。そして、ポケットから手品師のように取り出したサランラップのようなものに載せます。「おい、お前のポシェットの中にな、スジャータと砂糖あったろ」。当時財布などの現金は同行する弟子が紐のついたポシェットで管理していました。「なんでスジャータと砂糖が貴重品と一緒なんだ?」と普通は思うかもしれませんが、食べ物関連＝カネと同じなのが談志の発想なのです。

私は急いで指示されたものを取り出します。「スジャータと砂糖→コーヒー」と、いくら鈍い私でも察知し、「師匠、コーヒー買ってきますか?」と、普段コーヒーなどは飲むことのない師匠だけど、旅先でそんな気分になったのかなと察して言いました。

「いや、そうじゃねえんだ。ここに、そいつらかけてくれ」

一瞬なんのことかわかりませんでしたが、どうやら師匠は手のひらの上で、苺とスジャータと砂糖で「いちごミルク」を作りたかったのでした。指図通りにスジャータと砂糖をぶちまける私です。よく見たら師匠が手にしていたのは、サランラップではなく、昨日ホテルの部屋に置いてあったビニールのナイトキャップでした。

まんべんなくミルクと砂糖がまぶされた苺にかぶりつく師匠。しかも上田駅で立ったまんま。

「な、工夫すればうめえんだ。苺なんか粒が小さいほうがいい」

人生を擲《なげう》って入門したはずの師匠が即席いちごミルクにむさぼりついている。まして、私の故郷で。「誰にも見られませんように」と私はひそかに祈りました。

とはいえ、珍しく師匠の機嫌がいいのはホントに救われたような心持ちではありました。

そして、ひとしきり、食べ終えたあと、こう言いました。

「俺もあと十年だな」と。

「俺もあと十年だな」と、それまでずっと言い続けてきた「お前も俺と付き合えるのは十年もないぞ」とは、同じようなセリフに聞こえますが、今じっくり考えても天と地の開きがあります。前者は明らかな「タイムリミット宣言」であるのに対し、後者は「前座修業の苦悩を緩和させるための方便」にすぎません。

無論リアルタイムでその差異に気づくほど鋭敏な私ではありません。今やっと後追いで気づくのみであります。ネタばらしされたパズルを解説書を見ながら再構築するしかないのです。六十歳を超え、がんとの対面がそんな覚悟を芽生えさせたのかもしれません。

「完成度」の追求を放棄した談志

さきほど「立川流は弟子を作るための鋳型だった」と申し上げましたが、落語は「形あるもの」です。形には完成度が問われます。かつては真打ちになった時の一番の評価は「いい口調になった」という形での評価でした。落語家は面白さよりもまずそこを問われます。しゃべる内容という「ソフト」よりもしゃべり口調、しゃべり方という「ハード」こそ第一義なのです。

これは他のお笑い芸人と大きく異なる点であります。勿論ここにポイントが置かれるからこそ修業というシステムが肯定されもします。ソフト面での天才的なセンスがそれほどなくても、ハード面での安定感と完成度さえあれば、「形」として存在し得るのが落語家なのです。私はワコール在籍中に、福岡吉本に所属していましたが、同じく福岡吉本に所属していたカンニング竹山さんや博多華丸・大吉さんと自分との一番の差が、この「しゃべり口調」でした。そして多くの落語家が、年齢を重ねても逆転の可能性があると信じている根拠の一つでもあります。語り口を磨けば、まだまだ自分の芸は向上する、というわけです。

一方、芸とは、「草冠」です。すなわち植物系器質を有しています。「形や型」とは一線を画すべき存在です。「芸」がその未来として「草書」を志向するならば、「形や型」はそもそも「楷書」系に落ち着くものです。

このように、落語家はその生理として、完成度を追求するものです。しかし「あと十年」と覚悟を決めた談志は、落語家が通常求めるべき「完成度」を放棄したのかもしれません。

談志の若い頃の音源に接すると、それは流麗な口調で、リズムとメロディが素晴らしく、すでに完成の域に到達していました。代表作「野ざらし」などは全編歌うような調子で演じられた超一級品です。それらの芸に接したファンの方の中には、晩年の談志の落語に接して「昔のほうが良かった」と述べ、満身創痍《まんしんそうい》であるにもかかわらず「リアルタイムの落語の芸」に挑む姿を否定しようとするような人さえいました。

談志は病を得て、天才ならではの鋭敏さで自らに長い時間が残されていないことを察知し、芸の上での余命を覚悟したはずです。

「完成度を捨て、一高座一高座、すべてに魂を込める」

形や型のみを追いかける落語家だったならば、「落語は人間の業の肯定である」という若き日の定義を墨守するだけの日々を送っていたはずです。つまり、守りに入る。そんな道を選んだなら、「枯れた芸」をも甘んじて受け入れたはずです（談志の「枯れた芸」、それはそれで見たかった心持ちもありますが）。談志はそんな生き方を唾棄《だき》し、拒否しました。

六十歳以降の談志は、受けた仕事すべてを遺作として命を懸ける毎日を選んだのです。

そして、だからこそ前座の一時期は、異様に形や型にこだわるべき期間として「歌舞音曲」についての昇進基準を設けたのでしょう。

談志が晩年「型破り」な落語で一世を風靡《ふうび》できたのは、青年期に「形や型の修練」をこなしていた蓄積があったからです。ピカソの若い頃のデッサンのレベルの高さが、後年の「ゲルニカ」につながっていったように。

第六話

「イリュージョン」「江戸の風」と、志ん朝師匠

ガミガミからネチネチへ

一九九七年と一九九八年に立て続けに食道がんを克服した師匠でしたが、「入院と懲役は人を変える」という言葉の通り、退院後は一瞬だけ、優しくなったような印象を弟子として持ちました。

しかし今思えば、それは「優しさ」ではなかったのでしょう。いったん退院したとはいえ、その後のがんとの長い闘いを余儀なくされた形の師匠にしてみれば、弟子への小言などの「雑音」といえるような事柄に気を回す余裕はなかったはずです。また、こちらのほうも入門数年も経つと、師匠から小言を受ける言動や不快感のポイントなども熟知してきて、「怒られないように動くこと」が出来るようになっていました。

ですが、優しかった時期はすぐに過ぎ去り、その後は以前よりも細かいことを気にするようになりました。

実際のところは、肉体的な衰えが、怒りの性質を変化させた、といえそうです。談志のイメージそのものでもあった怒髪天《どはつてん》を衝《つ》くような怒りや激しい叱責から、愚痴っぽさへと変わっていったような雰囲気がありました。この頃から「愚痴はとても大事なものだ」と言い始めたような気がします。それが、最晩年に「怒る元気もねえんだ」と吐露したことにつながります。

わかりやすく言えば、「ガミガミ」から「ネチネチ」になったのでしょうか。

前座に対する言動も、本人を直接面罵《めんば》する形から、第三者を通じて「あいつはなあ」と間接的に悪く言うような体裁になりました。

体力の低下が師匠から明らかに「勢い」を奪ってゆきました。

「老い」の芸への影響

この勢いの低下した愚痴っぽい体質への変化が、内面に向かった結果、師匠はよりセンシティブになったように思います。

これが芸の面においては「老い」の効果というかプラス面にもなります。

「勢いだけで芸を処理するな」

「芸人だったら、書いてみろ。書かないと矛盾に気づかない」

などと、よく言われた小言がその象徴であります。

芸のみに集中したいはずの環境なのに、老いや衰えがそうさせまいと迫ってきます。もしかしたら、芸というものは永遠に完成度を追求できないものなのかもしれません。

前にも述べましたが、談志は「自分の芸のみならず、それを受け継ぐという意味では残された弟子たちも作品なのでは」という考えに達し、その結果として、立川流では異様に長い前座修業が必然となっていったのではと推察します（あくまで私の想像です）。

自分の芸のみに傾注したいはずなのに、肉体的には「老い」が、精神的には私のような「二つ目になろうとしない不良債権のような弟子」がじわじわと師匠を追い詰めていたのかもしれません。これも、天才の宿命の一つでしょう。

落語協会などの場合でしたら、前座は共有財産としてシステマティックに育成する体制が整っています。立川流は談志の一代芸です。試行錯誤を繰り返しながら育ててゆくしかありません。真打ちという弟子を取っていい立場になった今、やっと師匠の苦悩の一端を悟れるようになった私であります。

「唯虚論」から「イリュージョン」「江戸の風」へ

病を背負い込むまでは、談志は「世の中は虚実というだろ。虚が先なんだ。実は後。新聞なんて浪花節じゃないけれども、ウソが八分で本当が二分で、でいいんだ。虚虚実実といって、虚が上なんだ」(『宝島』一九九八年一月七日号)という、当時師匠が仲良くしていた岸田秀先生の「唯幻論」の向こうを張る形の「唯虚論」を展開していたように見えました。

唯虚論は実は私の造語です。「人間は本能の壊れた動物である」という岸田秀先生の「唯幻論」に対抗するかのように主張した談志の論を表現した言葉です。岸田先生は、「自我や家族、歴史、国家、セックスに至るまで、幻想ではないか」と訴え、そんな幻想に支えられているのが人間世界だと言い切っていますが、談志は、やはり芸能の立場からそれを読み解き、「虚虚実実」と述べました。おそらく近松門左衛門の「虚実皮膜《きょじつひまく》」を意識したものと思われます。「虚＝ウソ」から成り立っているあやふやな世界をひとまず想定するところから始めてみようという、いわば提案なのでしょう。

「落語は人間の業の肯定だ」という落語史上初の「落語の定義」で、一世を風靡した師匠でしたが、私が入門した頃からその五年後あたりまでは「唯虚論」を唱えていたかと思います。いずれにしても落語に「定義」を与えるような論考でした。

その後六十歳を超え、病をはじめとする思うようにならない現実にぶつかり始めると、その思想も変容転換してきたのかもしれません。

さきほど『宝島』での九八年の、唯虚論につながる発言を引用しましたが、再発したがんと向き合った翌年一九九九年十二月二十七日号の『宝島』では、「人生成り行き、これが家元のモットーであります。人生なんざなるようにしかならない、努力なんてバカに恵《あた》えた夢だ」と述べています。

そんな口癖となった「人生成り行き」が、落語に反映されたのが「落語イリュージョン論」ではないかと思います。

「イリュージョン」について、私なりに解説を試みます。古典落語とは、「整合性のある会話」の連続で構築されているものです。盤石な構成だからこそ江戸時代から受け継がれているともいえます。しかし談志は「人間の本質なんか不可解なものだ」という考え方に基づき、「元来人間の会話なんかイリュージョンなものだ」とかなり挑戦的なアドリブで落語を処理し始めました。その思いが観客に伝わった時の幸福度は、完成された落語を演じた時以上の法悦《ほうえつ》だったはずです。

「イリュージョンとは落語リアリティの上に成り立つ」とも分析していました。「落語リアリティ」とは、実生活上では実現されないが、落語の中だけで成立する会話などです。「片棒」という落語の中で、親父が「俺が死んだらどんな弔《とむら》いをやる?」という問いかけに「よおよお、おとっつぁんが死ぬ、結構ですな」と答える長男の応対をその一例として挙げていました。

「理詰めやロジカルでなんか人間は動かないものだ。小言を言いながらあくびをしてしまうような不完全さこそ、人間の面白さで落語の本質だ」。師匠が始めた全編アドリブの落語について、本人は「登場人物が勝手にしゃべり出す」と形容してましたが、「初雪や狸が見てるクリスマス」などにも象徴されるナンセンスな面白味を追求した時期でした。

そんなプロセスを経て、師匠の落語論は、最晩年の「江戸の風」へと向かってゆきました。私は「江戸の風」とは、「落語の未来形」を指す言葉だと解釈しています。価値観が多様化する中、落語の存在意義を俯瞰《ふかん》的に見つめた場合、その強みは「江戸の風」でしかないとの考えに談志は到達しました。ゆえにそれを醸し出すことができる落語家こそ、未来に残る落語家だという考えから、当時の前座たちには徹底的に「歌舞音曲」を要求しました。

「形からつかめ」という教育方針だったのです。

「唯虚論」から「イリュージョン」「江戸の風」に至る、談志の落語観の過渡期は、私の前座修業後半期にもろに当たっていました。そりゃ私も翻弄されるわけです。

志ん朝師匠と師匠談志

その頃、「老い」と格闘し始めていた落語家は談志だけではありませんでした。師匠と一緒に一時代を築いたといえる志ん朝師匠もまた然りでした。

私自身の経験をお話しします。

学生時代、一番憧れていたのは、志ん朝師匠でした。「志ん朝が末広《すえひろ》でトリだ」というと、十日間通い続けたものでした。「お、『妾馬《めかうま》』、『宿屋の富』ときたから、明日は『明烏《あけがらす》』かなあ」などと、思いを馳《は》せたものでした。十日間のトリのうち、おそらく地方とかでおいしい仕事が入っていたのでしょうか、一日か二日は代演などというような時は心底がっかりしたものでした。

あの流れるような口調は、落語家ならば一度は憧れるものです。「あんな風なテンポとリズムとメロディでしゃべってみたい」と思い、必死になって志ん朝師匠のコピーに明け暮れたものでした。あの頃、どこの大学の発表会でも、みんな志ん朝師匠のモノマネのオンパレードでした。そしてそれに似せることの出来る人たちが「上手い」と称されていました。私も滑舌が悪いながらも必死に志ん朝師匠に似せようと、ブレスから真似ようとしたものです。

が、完全なる劣化コピー。同じようにしゃべったつもりでも、志ん朝師匠と同じような受けや反応なんざあるわけはありません。そこで、自分の限界を知ります。プロ野球を志した高校球児が、自分は一四〇キロそこそこしか投げられないことを痛感するような感じでしょうか。そこからさらに制球力を磨いたり、変化球を覚えてなんとか対応しようと努めるものです。

そんな「落語は好きだけれども、プロになんかなれっこない。でも、なりたいなあ」という自分を救ってくれたのが、師匠の『現代落語論』であり、大学二年の時に出会った『あなたも落語家になれる　現代落語論其二』でした。特に後者の本の「あなたも落語家になれる」という罪作りなタイトルのせいで、「志ん朝師匠のような口調にはなれなくても、談志流の理論を身に付ければその世界で生きてゆけるのでは」という大きな誤解を、当時の大学の落研部員だった自分は持ってしまいました。

「現代を語ってみろ」「狂気と冒険と」「これからの落語家像」などが、断片的ながらもいまだに頭の中にこびりついているという意味では、まさに福音の書でもあり、むさぼるように読みました。そこから、「落語家という、面白い話をするだけの人がなんでこんなに理屈っぽいのか」という考えになり、「じゃあ書いた本人の落語を見に行こう」という気持ちが高まり、談志の追っかけが始まったのです。

そこには、志ん朝師匠とは真逆の世界が展開されていました。志ん朝師匠と談志は、マクラ、落語本体、そして「オチ」のあと、すべてが好対照でした。

談志の落語のマクラは、昨日起きたばかりの社会情勢がマクラで見事に活写されていました。「三井物産の（人工池にいる）カルガモは殺したほうがいい」という今なら完全に炎上するはずの内容のことも、観客の大爆笑が打ち消してしまっていました。

落語本体にも「いま」が貫かれていました。明らかに「むかし」を快適に語ろうとする志ん朝師匠の落語とは異なっていました。そしてオチを言い終わったあと、余韻に浸るように観客との触れ合う時間を慈しむ姿勢に、非常に好感を持ちました。片や志ん朝師匠は、オチを言い終わると、さっと幕が降りてきて、ぱっと帰っていきます。もはやここまで来ると好みの問題でしたが、私は談志のほうに限りないときめきを覚えてしまいました（無論、だからこそ今があるのですが）。

「理詰め」と「リズム」の違い

今思うと、若かりし頃から永遠のライバルと評された談志と志ん朝師匠でしたが、同じ世代で、片やサラブレッドの志ん朝師匠には、そのフィールドでの勝負は敵わないと判断したのでしょう。いや、敵わないというのではなく、対等に渡り合える技量は無論ありましたが、ハウリングは起きていたはずでしょうし、唯一無二の存在にはなれない、つまりは「お互いに不幸になる」と見極めたのかもしれません。そんな天才的判断から、談志は、理論へと傾いていったのではないかと思いを馳せています。

志ん朝師匠も天才でした。入門五年で真打ちに昇進し、その片鱗《へんりん》を覗《のぞ》かせます。談志も尊敬してやまなかった先代桂文楽師匠に「圓朝《えんちょう》（初代三遊亭圓朝）を継ぐべき逸材」とまで言わしめた志ん朝師匠には、並々ならない嫉妬の炎を燃やしたはずです。

「志ん朝には出来ないことをやり続けてみせる」という思いを、真打ち昇進で先を越されたことをキッカケにたぎらせたのは、想像に難くありません。

志ん朝師匠の晩年に「金払って観ていい落語家は、俺と志ん朝だけだ」とも言っていましたっけ。

談志と志ん朝師匠の違いを一言でいうなら「理詰めとリズム」の違いでしょうか。志ん朝師匠が攻めてこない領域を開拓し、談志は後に至って天下を獲りました。一方、一見お手本になりそうな志ん朝師匠の落語は、その実誰も真似できない「志ん朝節」であり、そのリズムとメロディは志ん朝師匠が独自に開発したもので、師匠が天国へと持ち去ってしまいました。まさに、志ん朝師匠にしか演奏できない楽譜でした。

逆に、一見手本にはならないと思われた談志落語でしたが、その思想の根底は理詰めで処理されていましたので、『現代落語論』などの著作から汲み取る形で継承されています。

そのように、談志を悔しがらせた天才にも老いはやってきます。長年患った糖尿病が引き金となり、やがて肝臓がんを患い、二〇〇一年に六十三歳でこの世を去ってしまいました。談志にもその体調の情報は時折入ってきたでしょうし、実年齢では談志のほうが二歳年上でしたからショックだったはずです。志ん朝師匠がいなかったら談志もここまでの存在にはなれなかったかもしれません。

志ん朝師匠がいたから、絶対志ん朝師匠はならないはずの国会議員にもなりましたし、志ん朝師匠がいたから、絶対志ん朝師匠はしないはずの落語協会離脱と立川流の創設を決断したのでしょう。

龍虎みたいな感じといえば大げさでしょうか。山本直純《やまもとなおずみ》さんと小澤征爾《おざわせいじ》さんにも同じ匂いを感じます。山本直純さんは、小澤征爾さんのクラシックの本質を追求する姿勢やらセンスには敵わないと直感し、「大きいことはいいことだ」などのキャッチフレーズと共に、大衆化へと舵を切ってその地位を築いたとのことでした。

落語の美的探究は志ん朝に任せて、自分は、国政挑戦やら、毒舌タレントやら、立川流創設やらと、キャラ化させ、外部に働きかけて落語界を外側から活性化させせようとしていたのが師匠談志だったのではないかと思います。

志ん朝師匠とニアミス

志ん朝師匠が亡くなったあと、お姉様である美濃部美津子さんにお会いすることがありました。「談志師匠は、死んだ強次《きようじ》（志ん朝師匠の本名）の分まで、背負わなくちゃいけなくなっちゃいましたね」と仰っていました。後日師匠にそのことを伝えると、「ほう、俺のこと、わかってくれる人はいるんだな」と安心した様子になったのを思い出します。実際、志ん朝師匠が亡くなった直後、志ん朝節を彷彿させるようなリズムとメロディあふれる落語をやり終え、「志ん朝の分まで頑張るか」と一言言った独演会がありました。

実は志ん朝師匠には私、ニアミスの思い出があります。癌研病院が大塚にあった頃の話です。高校時代の私の友人がその病院に医者として勤務していました。「病院のフロアで入院している患者さんを対象に落語をやってくれないか」と仕事の依頼を受け、まだ前座だった頃「立川ワコール」の名前で落語をやりに行きました。

その病院に、ちょうど志ん朝師匠も入院していたのです。何も知らない無邪気な看護師さんが、志ん朝師匠に向かって、「美濃部さん、今日、ロビーで落語がありますよ。よかったら聞きに行きませんか？ プロの落語家さんが来るそうですよ」と言ったそうです。以上すべて、二つ目になった頃、志ん朝師匠のお弟子さんからお伺いしました。志ん朝師匠は、ぼそっと「おいおい、荷だよ、それは」と照れながら言ったそうです。

六十三歳で亡くなった志ん朝師匠と七十五歳で亡くなったうちの師匠。お互い「あいつがいるからここまで来られたな」と思い合っていることでしょう。この二人の、まるでタイプの違う天才が現れなかったら、落語は間違いなく衰退していたはずです。

第二部

談志は談慶をどう育てたか

真打ち昇進披露パーティにて

第一話

「殺しはしませんから」

両親と共に面接

私が立川流に入門したのは、平成三（一九九一）年四月十九日のことでした。

うちの一門の場合、師匠には、両親揃って面接という手順を踏まないと弟子入りを認めないという頑な姿勢がありました。浅草キッドの水道橋博士さんのように、親元からエスケープするような格好での弟子入りというのは、うちの一門ではあり得ません。伝統芸能の延長線上にいる談志と、現代の最先端のお笑いのトップに君臨するたけしさんとの違いともいえますが、その後最後の弟子の談吉を取るまで、師匠がこの「両親揃っての面接」を貫いたのは、「型の継承」を何より重んじていたためでしょう。

ま、「親を連れてくれば、どんな奴かある程度わかる」ということと、「親を連れてくることで当人の覚悟の程も確かめられる」という理由も根本にあるのは間違いありません。

入門の日、長野から上京した両親と共に、国立演芸場の楽屋で、師匠との面談と相成りました。ここでまた師匠は、痛烈な天才らしいセリフをぶつけてきました。


「殺しはしませんから」


これも、深い言葉です。「殺しはしませんから」、つまり「最低限の生命維持は確保する」という、そこまで育てた親に対しては、「安全保障条約」でもあります。そして、さらには、「ある程度の辛さは覚悟して下さい」という通達でもありました。

今振り返るとこの言葉は、「生みの親」に対して、落語家としての「育ての親」たる師匠が自身の責任感から発した、人身売買ならぬ「人身譲渡」の宣言だったようにも思います。

当時は一八番目の弟子としての（今は一六番目の弟子ですが）入門だった私にしてみれば、「それまでに一七人もの弟子を育てている」という育成慣れした師匠の精一杯の優しさだったのだと今さらながら思います。この日を境に、私は、向こう側ではなく、こっち側の人間へと、生まれ変わりました。

立川流創設から丸八年。寄席を離脱してから弟子入りした志の輔師匠が、新進気鋭の真打ちとして飛ぶ鳥を落とす勢いで活躍し始め、そのあとに続く談春・志らく両兄さんが「立川ボーイズ」として、TBSの深夜番組「平成名物TV」の「ヨタロー」に出演したことから人気に火が付き、「立川流の次期真打ち候補」として着々と足場を固めつつあった頃でした。当時、師匠は五十五歳。高座の上では「俺も世間じゃ定年に当たる年なんだよな」とは言いつつも、前述しましたが朝から起き抜けにステーキを食べたりするなど、まだまだ血気盛んでした。

あの頃毎月九日に開催されていた「談志ひとり会」での終演後のお客様とのエピローグの中で、「やっと、弟子たちも含めて思い描いてきたものが形になりつつあります」と言ったこともありました。

繰り返しますが、当時の談志は五十五歳。今から三十年前のあの頃は、まだ「五十五歳定年制」が前提の社会でした。「立川流設立」という談志の落語家人生における最大級の不安材料について、自らの芸の円熟と、弟子たちの成長ぶりとで、世間から評価されたことを実感した「一言」だったのではと思います。ただ、ここからが凄いのが、ひとまずのピリオドを打った上で、さらなる「高み」を目指していったことなのだと思います。そこから談志の落語において、抽象性の比重がさらに高まってゆき、それと比例するかのように弟子たちに「伝統芸の濃度の高さ」をますます要求するようになりました。つまりこの言葉は、「ここまでは満足したが、まだまだ俺はここからだ」という意味合いだったのではと、今となっては受け止めています。

入門二年目、彼女がいなくなった

入門二年目の時の話をします。

私には当時付き合っていた彼女がいました。大学の落研の後輩に当たる女性でした。前座の時分、師匠のスケジュールがオフの時にたまたま出かけた学園祭で出会いました。

わが落研は学園祭の四日間、大学の大教室を、きちんと舞台を組んで新宿末広亭のような設《しつら》えにして寄席形式で学生たちが落語をやり続けます。

彼女が四年生、自分が入門二年目というまだまだ駆け出しの頃でした。

タレントの飯星景子《いいぼしけいこ》さんに似たきりっとした外見もさることながら、落研のプロフィール欄に「好きな落語家　立川談志」と書かれていたのを見て、私は一瞬で恋に落ちました。今でこそ落語が若い人の間でもブームになりつつあるとはいえ、二十数年以上前の当時はそんな風情なぞまったくないような環境の中、共に落語について、師匠について語り合ううちに深い仲になりました。

あの頃はほんとドジ尽くしで、師匠への応対で逆鱗《げきりん》に触れることをしでかしてしまい、一か月間謹慎を食らったこともありました。そんな時でも、そばにいて「あせらないで」と、優しく支えてくれました。

大学卒業後、本当は新聞記者になりたかった彼女でしたが、両親の猛反対もあり、地元の銀行に就職しました。

また、談志以外に海外一人旅も好んでおり、自由を謳歌《おうか》することを愛する子で、休日はもっぱらオフロードバイクを乗り回し、憂さ晴らしをしていました。

円満に楽しんだ東京と静岡との遠距離恋愛も二年目を迎えました。

季節は十月中旬でしたか、「甲斐駒ケ岳の紅葉を観に行ってくる」とその日の朝、電話を寄越したのですが、それ以来、彼女は杳《よう》として行方がわからなくなってしまいました。

二日三日と経っても戻って来ないのを不審に思った彼女の両親は、警察に捜索願を出しました。

当初彼女は、「芸人との付き合いなんか、絶対許さない！」という頑な彼女の両親に対する反抗から、どこかに身をひそめているのではと私は思っていました。実際そう思ったほうが、「事故」や「事件」と思うよりも希望が持てるというのが本音でした。

「一緒に力を合わせて探しましょう」という私の強い思いから、両親を巻き込む形で心当たりのあるドライブインやらユースホステルやらに写真と連絡先を書いた紙を貼りに出かけたり、バイク雑誌に「たずね人」の掲載依頼をしたりと、必死でした。

が、願いむなしく、いなくなってから五か月ほど経ったヤマメ釣りの解禁日、沢から登って来た釣り人に、変わり果てた姿で発見されることになりました。

遺体解剖医によると「胸部打撲による圧迫死」。林道からバイクごと落ちたようでした。

今振り返っても辛い五か月間でした。

前座修業中の恋愛など、無論ご法度《はっと》です。師匠には内緒です。そんな甘さや緩さを認めると、それは師弟関係ひいては徒弟制度の破たんを意味します。

「生きているのなら、なぜ戻ってこないんだ、なぜ連絡を寄越さないんだ」と思い始めると「怒り」が芽生え、「もし事故か何かに巻き込まれてしまったのなら、早く見つかってほしい」と考え始めると今度は「哀しみ」が湧いてきて、毎日隠れて泣いてばかりいました。どう受け止めたらよいかわからない現実でした。

「二つ目になって、結婚する時に師匠にはきちんと紹介するからね」

「え、談志に紹介してくれるの!? 会いたいな」

彼女は、大きな瞳を輝かせました。

今だから言える後出しジャンケンのような懺悔《ざんげ》みたいですが、私は当時の彼女にそう言って嘘をついていたのかもしれません。

あの頃、あの時、必死にまた具体的に二つ目になろうとしていたのか、甚《はなは》だ疑問ですから。

毎日怒られてばかりの軋轢にしか感じられない師匠との日々をただ癒すために、彼女に甘えていたともいえます。

男としても芸人としても身勝手で最低でした。

ぎりぎりの優しさ

彼女の遺体が発見されてからしばらくして、一門にもその情報がいつの間にか伝わり、師匠の耳にも入ることになるのは時間の問題でした。

私はというと、最愛の女性に死なれてしまうだけではなく、金も仕事も当然ない長引く前座修業から「もう俺の人生は終わったな。たった一人の女性すら幸せに出来ないなんて」と厭世的《えんせいてき》な気分で、ただその日その日をやりすごすだけの抜け殻のような毎日を送っていました。

ある日、練馬で書き物をしていて師匠が一人でいるという時がありました。

「ワコールを呼んでくれ」

師匠は名指しで私を呼びつけました。

師匠宅に一人で入ると、師匠の繰り出す指示を逐一こなすことになり、「働いていないから怒られる」ということがなくなり、ある意味気が楽になります。その日も師匠宅の一連の掃除やら、メモの整理やら、お手伝いをしていました。やがて師匠から「これ、持ってついてこい」と、数百万はあろうかという現金を渡されました。近くの郵便局までのお供でした。

生まれて初めて持った大金の重さに驚いている私を見透かすように、

「彼女、死んだんだってな」

師匠は唐突に口火を切りました。

「はい」

(いよいよか……また謹慎かもな)

「てめえ、バカ野郎、そんなことにうつつを抜かしている場合じゃねえだろ!? だからてめえは前座も満足につとめられねえんだ!! しばらく謹慎だ!!」

いや、むしろ怒号に心底打たれたいと思いました。あれ以来、芸に身が入らない自分に師匠は必ずやムチを打ってくれると身構えたその時でした。

方向指示も出さないトラックがいきなり私と師匠の前を左折して去って行ったのです。

「あぶねえな、あれ! でも、これと同じなんだ」

「?・?・?」

何を言っているのかさっぱりわかりませんでした。

「な、今のトラックがハンドル切り損ねていたら、俺たちはお陀仏だったろう。わかるか、紙一重なんだ、生きるのも死ぬのも、な」

「……はい」

「できてたのか？」

これまた師匠一流の省略描写です。「きちんと付き合っていたのか？」という問いかけでした。

「はい。結婚の約束までして……」

不意に私は、元気だった彼女の姿を思い出してしまい、涙がこみ上げて来ました。

「落語の好きな女性で、師匠のファンでした。いつかは師匠に……」

もう、涙で声になっていませんでした。

師匠はそんな私に気づかないフリをして、こう言いました。

「そうか、じゃあ、バカじゃない子だったんだな」

前座時代ご法度だった恋愛が露呈したにもかかわらず、最大限ギリギリのところで見せてくれた優しさだったんだなあと、今しみじみ感じています。

あの日あの時、たとえば「辛かったよな」とか「頑張れ」などというような声をかけようものなら、師弟関係は極論すれば崩壊していました。

「師匠をいい人だと思うのは、師匠への甘えにもつながる」と、かつて談春兄さんは厳しく言い放ちました。その通りなのです。甘えは禁物なのです。冷徹な間柄にしておかないと芸なんか身に付くはずはないのです。それほど厳しいのです。


あの日あの時の、師匠のギリギリのところで聞かせてくれたあの言葉。

つるべ落としの秋の夕暮れを見つめながら今ふと思い出し、噛みしめています。

今だからこそいえますが、やはり優しい師匠でした。

「わかる奴にわかればいい」

自分に言い聞かせるようにいつぞやつぶやいていたことがありました。これも天才の過酷な生き様の具体例かと思います。

第二話 天才は組織を否定する

師匠からの難解な通告

「このまんまで済むと思ってるだろ。済まねえようにしてやるからな」

久しぶりに師匠にお供として付いた時、ぼそっとそんなことを言われました。ほんと談志の言葉は、いちいち補助線を引かないと理解できないほど難しいのです。二十年以上経った今だからこそわかる言葉がほとんどなのです。当時の私にはまったくといっていいほど把握できませんでした。

「潜伏期間って言葉があるだろ?　あれは医者の世界の言葉だけじゃないんだ。歌舞音曲、身に付けるには手間がかかるだろ?　やらないでいると、やらないことが歴史になるだけだ」

続けてこの言葉も言われました。

これも一見わかりにくい言葉です。

要するに、「結果として、良くても悪くても出るまでの間が『潜伏期間』なんだと。地道に稽古を積み重ねれば、いい結果が出てくる。何もやらなければ、何も出てこない。すぐに結果が出ないからといって何もしていないと、何もしていないのが歴史になる」といった意味でしょうか。

恐ろしくドライな言葉でしたが、当時の自分は、「そうはいっても師匠は、順番で二つ目にしてくれるだろう」と、タカをくっていました。

後輩の談生が二つ目に昇進

そんな中、新たな激震が我が身を襲います。

「談生《だんしょう》（現・六代目立川談笑）を二つ目にする」と、師匠が宣言したのです。「理由は簡単だ。こいつのみが俺の昇進基準を満たしたからだ」と。

「師匠は、自分自身も真打ち昇進は志ん朝師匠に先を越されていて、人一倍辛い思いをしてきている」。日暮里《にっぽり》寄席の打ち上げなどで、一門の先輩方と飲むたび、そんな話を聞かされてきました。

「抜かれた悔しい思いがあるから、順番は守ってくれるだろう」

そんな甘えた考えがいつの間にか自分の中にも出来上がっていました。


まして、二つ目、です。

真打ち昇進に関しては、昭和五十五（一九八〇）年に春風亭小朝師匠が三六人抜きで昇進したことを筆頭に、「スター性」のある人を話題作りのために大抜擢するケースは過去に何度かありました。

しかし、二つ目の昇進の際に抜擢の差配をするなど、江戸時代の落語界開闢《かいびやく》以来の前代未聞のケースです。

真打ちが「落語家としての一人前」の称号であるならば、二つ目は「落語家としての自由な活動を許されるレベル」を指します。まだまだ真打ち未満の半人前という立場なのです。

逆にいえば、談生以外の、彼より上の私を含めた前座たちは、「まだ落語家としての自由な活動を許されるレベルには未到達」という判断を下されたということです。前座と二つ目。共に真打ち以下のまだ落語家未満の身分同士ではありますが、その差は歴然です。「着物を畳んでもらう立場」と「先輩の着物を畳まなければいけない立場」と、真逆なのです。

それは勿論、頑張って基準を中央突破した談生への評価でしたが、抜かれた前座たちへの、師匠からの怒りの意思表示でもありました。

ただ師匠からしてみれば、「このままで済むと思っているだろ。済まねえようにしてやるからな」が現実化しただけであり、「潜伏期間」を経て談生が二つ目になっただけだということなのでしょうが。

談生は私に発破をかけてくれていた

振り返れば、談生とは同い年ということもあり、すぐに仲良くなり、二人会形式で勉強会も始めた間柄でしたが、彼はいつも健気に「兄さん、一緒に二つ目になりましょう」と誘ってくれていました。

「中野の図書館に、師匠が覚えておけといっていた小唄の音源があります」

「師匠の好みの踊りの当て振り考えました」

「師匠の好きな講釈の速記本、コピーします」

当時所帯を持っての入門という切迫感と責任感からか、彼の、師匠の好みの歌舞音曲に対して取り組む姿勢が異様に見えました。いや、異様に見えた時点でもうすでに私は負けていたということです。悲しいかな、悔しいかな、即座に敗北は認めました。師匠から与えられた猶予という「自由」を完全にはき違えていた私でした。しつこいくらいに私に発破をかけてくれていた談生から、私は「そんなに頑張っても無駄だよ。どうせ順番で二つ目になるんだから」とばかりにいつも逃げていました。業を煮やしたのは、師匠だけではなく彼もそうだったはずだろうと思います。私より師匠の近くにいた彼のほうが、談志の本気度により忠実だったのです。

歌舞音曲へのこだわり

円熟期の五十代半ばを過ぎ、六十代近くになった談志からしてみれば、老境にさしかかる時期でした。自分の落語のみならず後世に残るという意味では、弟子たちもその作品群の中の一つであったのでしょう。私の入門三年目あたりから、異常に歌舞音曲にこだわりを見せ始めました。

「俺なら、テレビでたけしや所（ジョージ）と普通のしゃべりでも立ち合うことは出来るが、お前らは伝統芸能の延長線上にいるんだ。だったら踊りや唄にいそしむべきだ」

「前座という、落語家になりたての一時期、気合を入れて唄や踊りに没頭する時期があってもいいはずだ」

当時は「落語はイリュージョンだ」と定義し始めた時期で、後年それをさらに昇華させ「江戸の風」を説いたことを考えると、談志の思想変換の萌芽が、そこに垣間見えます。その端境期《はざかいき》を認識するセンスの有無が、談生と自分の差だったのでしょう。

「なぜもっと師匠の言葉に敏感になれなかったのか」。今さらながらつぶやくのみです。

「談志師匠は情がなさすぎだねえ」

「談生は師匠が機嫌いい時に二つ目になったんだろ」

「二つ目なんか順番でいいじゃない。真打ちじゃないんだから」

師匠への恨みつらみを先読みしたような物わかりのいいお客さんから、そんな言葉もたくさん賜りました。

「まるで悪魔だね」。そこまで言った人もいます（師匠に対してそう言わせてしまった私のほうがよほど悪魔なのに、です）。

どうして談生を私より先に昇進させたのか

ここで今再びあの頃を思い出してみます。

私より、入門三年程度の談生を先に二つ目にさせた師匠の真意って一体何だったんだろうと。

「もしかしたら、自分へのルサンチマンを増幅させることで、弟子たちを本気にさせたかったのでは」という仮説を立てています。メタ認知力が人一倍ある師匠のことです。「こう振る舞えばこう来るだろう」はお見通しのはずです。

「前代未聞の、弟弟子が先に二つ目になるという荒療治で、途轍《とてつ》もない悔しさをバネにして、這《は》い上がってこい。歌舞音曲を身に付けてよかったと思う日は必ず来る。結果、俺は恨まれても構わないんだ。いいか、それが立川流なんだ」

師匠のそんな声が聞こえてくるようです。

後年「お前がどんなに嫌いな奴だったとしても、二つ目の基準を満たしていたら俺は即座に認めてやる。逆にお前がどんなに好きな奴だったとしても、二つ目の基準を満たしていなかったら、永久に認めない。俺は自分の作った基準に自分を縛っているんだ」とも言いました。

やはり談志はあくまでも悪魔でも天使でもなく、天才でした。

「もっと恥をかかせてもらえないかな」

「君の、二つ目のお披露目に、行くよ。勿論、前座として手伝いに」

「いや、そんな、いいですよ、兄さん、わざわざ。手は足りています」

「ごめん。君がめんどうくさくなる気持ちはわかっている。でも、素直に君の晴れ姿を見届けたいのと、もっと生き恥かかなきゃ俺はダメになると思うんだ」

談生に電話でそう告げました。

「もっと恥をかかせてもらえないかな？　目障りかと思うけど」

「……。そうですか。兄さんの覚悟、わかりました。では、よろしくお願いします」

きっと彼も戸惑ったことでしょう。「晴れのお披露目の日に、自分の先輩が前座として楽屋仕事をしている光景」は、一歩間違えれば嫌がらせとしか受け止められません。が、受話器の向こうで、私に信頼を寄せてくれているであろう彼の穏やかな口調に安心しました。やはり一緒に勉強会をやり続けた同志でもあります。

一九九六年、夏。

談生の二つ目披露公演が、国立演芸場で開催されました。それは「あとから入門した前座が、先輩前座を抜いて二つ目になる」という前代未聞の会でもありました。出演者は、談生、文字助《もじすけ》師匠（現・桂文字助）、志らく兄さんでした。案の定、彼の先輩に当たる人間で参加したのは私のみでした。弟弟子のめでたい席に前座として参加する私の行為も、落語界開闢以来のものでありました。

私はあくまでも楽屋で労働力を提供する前座という立場を貫こうと、談生の着物も畳むつもりでいましたが、周りの弟弟子と、談生本人から、「兄さん、それだけは勘弁してもらえますか」とのことだったので、ひたすら師匠と兄弟子のお世話をする動きをしていました。

落語家の本心として、みんな「真打ちになった時より、二つ目になった時のほうが嬉しい」と吐露します。これは前座修業を経験してきたプロの落語家にしかわからない共通感情です。

真新しい黒紋付きには、染め抜いたばかりの立川流の家紋「左三蓋松《ひだりさんがいまつ》」が白く輝いていています。晴れて前座修業という苦役《くえき》を終えた証しであり褒美であります。同時に、厳しかった師匠からの小言からの解放を意味します。みんなこの瞬間を味わいたいためだけに艱難辛苦《かんなんしんく》に耐え続けるのです。上方の落語家が「年季明け」という意味がここにあります。下積みとの訣別なのです。

自分が着物の畳み方を教え、時には小言すら口にした、明らかに立場が下だったはずの新入りが、自分を追い抜き、先を越えてその栄冠を手にした……。悔しいなんてものではありません。正直認めたくもありません。認めたら自分がそれまでやってきたことの否定にしかならないからです。

きちんと師匠のハードな基準をクリアした功績をお祝いしたい気持ちの中、「やはり俺はここでは場違いだ」という疎外感に襲われ、「来るんじゃなかった」との激しい後悔に、不意に涙がこぼれそうになりました。そんな気持ちを振り切り、精一杯強がって、

「おめでとう、よくがんばったよな」

とはなむけの言葉を口にしました。あとにも先にもこんなに心と口が裏腹だったことはありません。

「他がだらしないのです」

今思うと、自分が弟弟子の二つ目のお披露目に手伝いに行ったとしたら、師匠はどういう反応を見せるだろうかなという、茶目っ気のような目論見《もくろみ》も若干ありました。そこで面罵されてみよう、この五年経っても前座をクリアできない自分に活を入れてもらおうとするショック療法も実は期待していました。

いろんな思いが去来し錯綜する中、師匠が楽屋入りします。今日の主役である談生は即座に師匠の元に駆け寄り、挨拶《あいさつ》をします。

師匠はいつも通りにめんどうくさそうに楽屋の暖簾をくぐると、談生の肩越し、その視線の先にいる私を捉えました。

「……」

二秒ぐらいの間、師匠は私を見つめました。

そこには明らかに「なんでお前がここに来ているんだ」という違和感も無論ありましたが、その後すぐ楽屋の畳に目を伏せながら軽く頷《うなず》いたのは、「お前、そこまでして、こっち側に来たいのか」との意思表示にすら感じました。ここでいう「こっち側」というのは、よく言う師匠のセリフで「俺と同じ価値観側」という意味です。

「お前は関係ないだろ。帰れ」とも言うのかなと思いました。が、談生より明らかに安い化織の、前座のユニフォームのような着物に身を包む私の、ささやかな覚悟を感じ取ってくれたせいか、その場では何も言いませんでした。

会は滞《とどこお》りなく進み、談生が中心となって披露口上が執り行われます。志らく兄さんは、さすが、談志イズムの継承者らしく、「談生が頑張ったのもそうだけど、他がだらしないのです」とまで言い切りました。この厳しさが立川流なのだと、甘んじて舞台袖でその言葉を噛みしめました。念を押すようにして、師匠も、「俺の基準を、俺が驚く形で突破したのは、こいつだけだった。ものになるはずです」と太鼓判を押しました。

舞台袖で見つめる私と、満座の拍手を一身に浴びる彼との間はほんの数メートルでしょうか。その距離が、天と地ほどにも違うというのが、前座と二つ目との差なのです。歯を食いしばりながらそんな遠くに旅立ってしまった弟弟子の姿を眺めるしかない私でした。明らかに羨《うらや》ましさより自らのふがいなさに押しつぶされそうな気分でありました。

師匠のささやき

前座としての気遣いは、落語会や寄席の楽屋のみではありません。その後の打ち上げでの立ち居振る舞いにも完璧さを常に求められるのです。その日の打ち上げは、師匠の行きつけの銀座のバー「美弥」でした。

ここでの序列も、我が一門の場合、実に峻厳なものがあるのです。前座は中で甲斐甲斐しく水割りをこしらえたり、おしぼりを出したりして働くか、外で立って待つのみなのでありますす。着席していいのは二つ目、真打ちのみ。「それが苦痛ならば、二つ目になればいいだけの話だ。俺はそのための基準を明確に示しているのだから」というのが師匠の理屈なのです。二つ目に昇進した談生は師匠の前に堂々と座り、自分は、吹っ切れたように店内でボーイに徹して細々と働いていました。

師匠がトイレに立ちました。そのあとを追い、あくまでも前座の私はトイレから出てきた師匠におしぼりを渡しました。

すると師匠は他には聞こえないような小さな声で、すれ違いざま、こう言いました。

「お前を決して拒否しているわけじゃない。勘違いするな。いいか、談生のバカは、俺の基準を突破しただけなんだ」

本来ならば、自分を気遣ってくれた最大限のセリフです。すなわちアドバイスです。「ありがとうございます」と言うべきところなのですが、自分の口から出た言葉は、「申し訳ありませんでした」でした。

「申し訳ねえと、思ってるなら、やれ」

師匠は軽く睨《にら》んで、何事もなかったかのように席に戻りました。

振り返ってみたら、まさにあの日あの時が、本当の意味で談志の弟子だという覚悟を決めた瞬間だったように思えます。談生に抜かれて、生き恥をさらすような目に遭ってから、そこで初めて立川流の魂魄《こんぱく》に触れることが出来たというのは大げさでしょうか。

入門から五年経って、遅まきながら気づいたのでした。「これが立川流なんだ」と。

考えてみたら、志の輔師匠は一年、談春兄さんは四年、志らく兄さんは二年、そして談生が三年と、やはり目端《めはし》の利くタイプは前座修業も短いのです。

「無駄足くったけど、不器用に自分らしく師匠の基準に立ち向かってみよう」

あの日の帰り道、そう決意しました。兄弟子の自分で談生から渡された前座としての足代の二〇〇〇円は、激しい屈辱を覚えながらも甘んじて受け取り、下の子たちに「俺はやっぱりいらないから」と回しましたっけ。

「芸人は、言動でしか評価されないんだ。お前がそんなつもりはなかったと言ったとしても、受け取るのは世間だ。それが芸人だ」と常々師匠から言われた小言でしたが、その日の私の言動で、やっと師匠にも本当の意味で「俺の弟子になりたがっている自分」をわかってもらえたような手ごたえがありました。

「情実」の否定

「二つ目」という駆け出しランクにまで自身の設定した昇進基準を適応させるというのは、日本型社会でいう「情実」の否定、つまりは、「組織」の拒否を意味します。これは、実は談志自身に帰ってくる刃《やいば》でもあります。

落語界に反旗を翻《ひるがえ》す格好で設立した立川流が、実は「組織」ではないことのアピールは、立川流の内部崩壊すら招きかねない微妙な差配でもあります。抜かれた人間の怨嗟《えんさ》がある組織が健全に機能するとは思えません。

思い出したくもない悔しさだらけの談生のお披露目でしたが、美弥で師匠からもらったあの言葉に救いを感じました。

「ならば、俺も、談生のように師匠の基準さえ突破したら、道は開けるのかな」と。

後年、師匠はこう言いました。

「お前がどんなにいい奴だったとしても、俺の基準を満たさない限りは昇進させない。逆にお前がどんなに嫌な奴だったとしても、俺の基準を満たしさえすれば俺は昇進させてやる」

これには師匠の強烈な覚悟を感じたものです。自分が決めた基準に自分自身が縛られているなんて、並の人間ならば出来るものではありません。大概は自分の積み上げてきたものを守ろうとして、築いた礎《いしずえ》をさらに強固なものにするために「守り」に入るのが普通です。弟子にだって嫌われたくはないはずです。やはり立川談志は違いました。

天才は組織を拒否するのです。


思えば、天才とは「組織」とは無縁なところから発生するのかもしれません。そういう意味でいうと、立川流は組織ではないのかもしれません。

これは、入門してきた右も左もわからない弟子たちを、組織の一部と見ていなかったことの証左のような気もします。組織力学に基づいて指導していたのではなかったのです。

つまり、弟子たちを、入門した段階で、すでに「個」を確立した人格を有する存在として見つめていたに違いありません。だからこそ、入門した順番にすぎない「香盤順《こうばんじゅん》」という「組織力学の基準」を無視して、「自分の基準を中央突破した者の順に昇進させる」という独自システムを最優先したのでしょう（その根底には、根っからの「芸術至上主義」が確立されていたはずです）。

それを裏づけるように、「いいか、俺の怒りは、お前への人格攻撃ではないからな。お前の行動に対する怒りだからな」と必ずフォローしてくれた優しさがありました。また師匠のご家族からも、入門してから真打ちになった今に至るまで、決して呼び捨てにされたこともありません。以前、ご長男の慎太郎さんと飲みながらそのあたりの話に触れましたが、「当人（師匠）はかなりそれで嫌な目に遭ってきたみたいですよ」とのことでした。「惚れて師匠に弟子入りしただけなのに、なぜ関係のない師匠の身内からも弟子扱いされなければならないのか」という長年の不満や不快感を解消するための実験的装置が、「立川流」だったのかとも思えます。

「個」の肯定こそが落語、だからこその小言

考えてみたら「個」の徹底的絶大肯定が、落語でもあります。

「人間の業」という人間の小ささ、せこさ、ずるさを肯定するのが落語と定義した師匠にしてみれば、その真逆に位置する「組織」というものを徹底的に唾棄していたのでしょう。組織の軋轢やら、弊害に悩みを抱えるような現代人が、落語に癒されるのもそういった背景があるのではと思います。

今思うと、あんなに厳しかった師匠の小言は、自分のようなどうしようもない前座ですら、すでに「個」の確立を終えているはずの一人格と見なしていたからこその言葉だったように思えてきます。「俺は一個人としてのお前の存在を認めているのに、なんでお前はそういう態度しかとれないのだ」という、そのギャップから来る怒りであったのかと。

つまり、あの数多《あまた》の小言は師匠の優しさから生まれたものだったのです。買いかぶりかもしれませんが、師匠がいない寂しさを、そうやって埋め合わせるわがままぐらい許してもらいたいのです。

「個」が確立されたはずの一人格に、さらなる「大きな個」を芽生えさせるプロセスこそが修業であり、徒弟制度であったのかと思うと、天才にとって「組織」はそのブレーキにしかなりません。

弟弟子の二つ目昇進には、師匠のそんな深謀遠慮があったはずです。

「価値観の同じ者への賛辞は、価値観が違う者への断罪なのだ」

今師匠が生きていたら、きっとそう言っていたはずです。

第三話

努力はバカに恵《あた》えた夢

談志の努力論

弟弟子の談生（現・談笑）に先を越されて、一年。

必死にその後れを取り戻そうと、自分は師匠の指定した踊り、唄、講釈、そして、独自に師匠が好きだったタップダンスに取り組んでいました。

「もうこんな屈辱的な思いはしたくない！」

こんな切なる思いを、ずっと自らがリーダーとなって全国を回った「出前寄席」などで私を前座として使って下さっていた談四楼師匠は、敏感に感じ取っていたのでしょう。ご自身の故郷での独演会に師匠を招いた際にも、私を前座として使って下さいました。そこで前座として一席務めたあと、「かっぽれ」やら「奴さん」などを踊って、「師匠に評価してもらうチャンスを拡大させよう」という誠に温かい、親心ならぬ兄弟子心でした。

談生が昇進してから必死で取り組んだ「奴さん」を披露すべく、一席語り終えたあと座布団を脇に寄せ、着物の尻を端折《はしょ》り、掛け声きっかけにかかった音源のテープに合わせて「奴さん」を踊ります。ふと舞台袖を見やると、気になっていたのでしょう、師匠も腕組みをしてこちらを凝視しています。さすが天才の眼力です。刺すようなパワーで私の一挙手一投足に降りかかってきました。その横からの厳しい痛みを振り払うように、前を向いて踊ります。幸い、お客様も温かく、かつ食い入るように私の踊りをご覧いただき、拍手喝采と共に踊り終えました。

「やっとわかってきやがったな」

師匠が私の踊りを評して、舞台袖でこうつぶやいたそうです。今もご厄介になっている談志ファンで、群馬県の館林《たてばやし》で呉服屋を営むSさんが、楽屋で教えてくれました。

その後、談四楼師匠も、師匠も共に大爆笑で、大成功にて終わった落語会となりました。打ち上げで、師匠の好きなハイボールを作ろうと近づいた私に向かって、こう言いました。

「踊り、楽しくなってきただろ？」

「はい」

「見りゃわかるんだ。あとは唄だけだな。やっているのか？」

「努力しています」

ここで不用意に「努力」という言葉を用いた私を諫《いさ》めるように、師匠は、独自の努力論を述べます。

「違うんだ。いいか、努力ってな、バカに恵《あた》えた夢なんだ」

この言葉、第一部でも出てきましたが、さきほど取り上げた「潜伏期間」という言葉との合わせ技で吟味してみると、天才が抱く「努力へのイメージ」が浮かび上がってくるような気がします。談志は、「努力」という言葉と、それに無意識にすがろうとしている人間の無能さを唾棄していました。ただ、その行為そのものを決して否定してはいませんでした。それどころか天才児でありながら尋常ならざる努力家でした。

談志は「努力」というものを、ものすごくドライに受け止めていたのではないでしょうか。「凡百の人間は、結果も出さずにただただ『努力』という言葉にウェットにすがっているだけなんだ。きちんと修練を積んでさえいれば表に出てくるものなのに。そんなものは、

『バカに恵《あた》えた夢』なんだよ」、と。

「与える」ではなく当て字っぽく「恵む」という字を用いて「恵える」と、サインの際などに書いたことを踏まえてみると、「結果も出さずにお前たちが努力、努力と言っているのは、バカに対して神様が与えた『憐《あわれ》み』にすぎないんだぞ」とまで言い切りたかったのでしょう。

つまり、努力とは、あくまでも結果を伴うもの。結果を出さずにやみくもにその言葉に頼ろうとしがちな、要するに情に流されがちな雰囲気を完全否定しているのです。

ここが談志の天才たる所以でもあるところです。

談志からしてみれば、思い切り意訳を施せば、「努力なんていう、たかが結果が出るまでのプロセスにすぎないものを、なぜその過程だけをフォーカスして取り上げて評価するんだ。努力をするなんて当たり前だろ」ということなのでしょう。

千代の富士の「努力」

今思い出したエピソードがあります。

入門した年の一九九一年五月、千代の富士関が引退しました。その直後だったはずです。

大記録を打ち立てた小さな横綱の功績をたたえる番組がNHKで放送されていました。練馬の自宅でそれを観ていた師匠が、ゲストやら、相撲関係者が盛んに「努力、努力」と発言していたのを、「何が努力だ。違うんだよ。千代の富士は横綱になれないのが不快なだけだったんだよ」と斬って捨てました。「奴にしてみれば、勝てないほうが、一〇〇〇勝しない人生を歩むほうが不快なんだ。稽古して苦しむほうが快適だったんだ」。入門したての二十五歳の私しかその現場にいなかったことを思うと、「お前がプロでやっていこうとするならば、安直に努力なんて言葉に甘えるな。結果を出せ。それだけだ」というようなメッセージだったのではと思うのみであります。

小林秀雄でしたか、何かのコラムで「直覚は天才の先天的領域だが、分析は後天的にまかなえる」とこれまた天才的定義を施しましたが、私自身、ほんと師匠から食らった小言をはじめとする教えを後追い分析するだけで、本も書けてしまい、しかもそれが半数近く重版にもなっているのですから、「物は考えよう」でもあります。

一門でも、立川流のみならず落語界をけん引する志の輔、談春、志らく各師匠は、やはり師匠と同じく天才性を発揮し、談志の言ったことについて「一を聞いて十を知るタイプ」ゆえ、今みなそれぞれが独自の路線を歩みそれぞれの地位を確固たるものにしています。が、翻って私は「十を聞いてやっと一を悟るタイプ」ゆえ、コツコツ一字一句積み上げてゆくこのような「文」の世界でやっと居場所めいたものを見つけつつあります。

嫌味な大学の先輩との会話

談四楼師匠の独演会での「踊り」は、師匠から高評価を得ました。粋な「かっぽれ」の先生も見つけることが出来、「若手の落語家さんになんかお月謝もらえないから」と、ありがたいことにロハで教えてもらえました。一方、踊りが充実し始める中、唄の分野では後れを取っていました。中村橋（練馬区）の教え方が上手いと言われていた小唄の先生を自力で見つけ、きちんと通う日々を送っていました。

「ワコールは熱心に習得中だ」というのは師匠にも伝わっていて、ことあるごとに「歌ってみろ」と言われその都度披露するのですが、「いや、そうじゃないんだ。俺が求めている歌い方じゃねえんだよ、それ」と毎回却下されていました。

しかし、師匠の求めている歌い方とは何なのか、さっぱりつかめず、暗中模索の日々が続きました。

「師匠は、俺を二つ目にしたくないんだ」などとイジケ気分でそう周囲にこぼすような日々、これじゃ一向に二つ目になんかなれるわけはありません。私からは「師匠が俺を二つ目にしてはくれない」、師匠からは「俺が求めている基準からは逸脱する一方だ」と、俯瞰で見ればあの頃はまったく噛み合わない師弟関係でした。よく師匠は我慢してくれていたなあと今さらながら痛感します。

そんな時に起こった出来事をこれからお話しします。

長引く前座時代の唯一の特典はというと、前回お話しした館林での一コマと同じようにあちらこちらから同情キッカケでお客様が増えることでした。大学の先輩の中にもそのようなお客様が増えつつありました。

ある先輩が私の支援を買って出てくれて、そのコネクションからいろんな人脈を紹介してくれました。各種パーティなどに、私のしゃべる枠を強引に設けてくれたり、打ち上げなどでも小噺などの発表の場を仕切ってくれたり。そして、交通費程度ではありましたが、謝礼もいただきました。当時は非常に助かった覚えがあります。

そんなとあるOB会の宴席の終盤でしょうか。落語には詳しいという一見してめんどうくさいとわかる大学の先輩が近づいてきました。渡されたその人の名刺は、年齢の割には早い出世をしていることを示す、バランスの取れた一流企業の肩書きが記されていました。「へえ、サラリーマンやめて落語家になったの?」「なんでまたワコールやめちゃったの?」「そこまでする値打ち、果たしてあったのかな?」などと矢継ぎ早に一方的に聞いてきます。今思い出しても本当に嫌な人でした。

愚痴っぽくなりますが、落語家はほんとこういう系統の人によく絡まれがちです。最近はそんな人ともめっきり出会うケースが減りましたが、真打ちになりたての時分はよく遭遇したものです。ま、それだけ落語家が大衆と近い立場にいるからなのでしょうが。つまりは「親しみやすさの裏返し」なのです。

その頃、私は入門七年目でした。よその団体であれば、大体三、四年目で二つ目に昇進します。私はその二倍も長い間、前座という地位に甘んじていました。

仕方なく、私は彼に「落語が好きだった。ただそれだけです」と答えました。すると「好きを貫くのは素晴らしいけど、まだ前座さんなんだよね」。前座にあえて「さん」を付けるあたりに差別意識の匂いがプンプンしました。

「もう何年やってるの?」「七年です」「それでまだ前座さん?　二つ目になるのはそんなに大変なの?」。かなり落語界の内部事情にも詳しそうな口ぶりが嫌味を増長します。「俺も一瞬、談志さんのところに入ろうと思ったこともあったけど。談志さん凄すぎるもんねえ」。

これはかつてかのたけしさんが、師匠との雑誌対談か何かの折に「俺が談志さんのところに入るとしたら、一年間は庭掃除して存在を認めてもらってから入る。いきなり弟子にしてくれと来るような鈍い奴なんかダメに決まっていますよ」と師匠に言ったセリフを念頭に置いた発言のようでした。

「ダメだ、これ以上いたら絶対この人とケンカになる」

そう思って帰ろうとした時、さらに追い打ちをかけて来ました。

「七年間も前座やっていても、辞めないの？」

「はい、あなたのようなサラリーマンで終わりたくはありませんので。では失礼します」

痛快とまでは言い切れませんでしたが、精一杯の強がりでした。

「異様なる長い前座」は確実に各方面に影を落としていました。長野の実家近辺でも、「大学出て、サラリーマンやった上にまだ七年やって前座さんだって」という陰口めいたことを言う人もいたようです。どんな思いで今は亡き父親はそれに接していたのでしょうか。当時、確か一九九八年の長野冬季オリンピックの開催で、長野出身の著名人はこぞって聖火ランナーやら、地元局主催の記念番組などのレポーターなどで頻繁に露出していた時期でしたが、まだ前座の自分にはそんな打診は一切ありませんでした。

俺に殉じてみろ

「このまんま一生前座かもな」。そんな匂いやら空気は当然師匠には悟られます。まさに天才的嗅覚です。練馬の自宅で、二人だけになった時、それを察知し続けていたかのようにこう言われました。

「お前、何年前座やってるんだ」

「もう八年目に入りました」。暗に「八年もやっています」という意味合いを強めてセリフに出してみました。

そんな出来の悪い前座の思いを払しょくするかのように師匠は、こう言いました。

「お前、俺に殉じてみろ」

「？」。これまた談志一流のセリフでした。

「ここまで来たら、殉じてみろ。前座終えるのに、何年かかったっていいじゃないか。それも落語家らしい人生だ。俺の基準な、俺からしたら大したことないとは思ってるんだが、そこまでお前が不器用ならば、食らいついてみろ。前座終えるのに十五年かかったとしたら、二つ目を三年じゃなくて三分だけやって、それから真打ちになるなんて、どうだ？　俺はそれでもいいと思っている」

私は頷くだけでした。

「お前の努力は認めるが、だからといって俺の二つ目昇進の基準を甘くするわけにはいかないんだ。それだけはわかってくれ」。なんだか師匠は、そう切実に訴えているようにすら感じました。

その日の帰り道、なぜか気が付くと、涙が頬《ほほ》を伝っていました。

「俺を二つ目にしてくれない。なんて師匠は嫌な人なんだ」という気持ちから、「師匠にそんな思いをさせてしまっている自分のふがいなさ」へと変換した瞬間でした。師匠は俺が嫌いで二つ目にしないのではなかったのです。見捨てないほど愛してくれていたのです。手を差し伸べようとしてくれていたのです。堰《せき》を切ったようにあふれ続ける涙となりました。それは、すれ違う人がみんな振り返るほどでした。

「もう一度、取り組み直してみよう」。涙を拭きながら、そう誓いました。

こんな鈍くさい弟子までクビにせず、我慢して受け入れてくれていた師匠の優しさ、今さらながら噛み締めています。

第四話

欲しいものは、取りに来い

正統派の談春兄さん、革新派の志らく兄さん

私にとって、二つ目への昇進への最大の関門になっていたのは、「歌舞音曲」でした。歌舞音曲との闘い。

この話をするには、「談春・志らく両兄弟子の真打ち昇進」の話に触れなければなりません。

一九九五年十一月、なんと入門十年という異例の早さで、志らく兄さんが真打ちに昇進しました。兄弟子である談春兄さんを追い抜く格好でした。

二つ目昇進後、志らく兄さんと、談春兄さんは深夜番組「平成名物TV」の「ヨタロー」に「立川ボーイズ」として出演、今は亡き朝寝坊のらく兄さんとのトリオまで結成して、人

気者になっていました。今ウィキペディアで調べてみますと、「ヨタロー」の放送期間は、一九九〇年四月二十八日から私が入門した月、一九九一年四月六日とのことですから、たった一年弱の間だけだったのに、志らく兄さん曰く「どこの落語会も満席になり、女子高生の追っかけが出来るくらいだった」とのことでした。

自分もちょうどサラリーマンから落語家になろうとする過渡期にその番組に接していました。春風亭昇太師匠を筆頭とする落語芸術協会の「芸協ルネッサンズ」、ほか落語協会の「落協エシャレッツ」、円楽党からの「円楽ヤングバンブーズ」、そして立川ボーイズといった若手二つ目を中心とするメンバーは、まだ無名で、深夜放送に落語家が出演するのは、あの頃は快挙のようだった覚えがあります。

土曜の深夜、福岡で働くサラリーマンとして飲み会の帰りに寮にたどり着き、まぶしげに、そして食い入るようにテレビを見つめていた頃を懐かしく思い出します。前座という忌まわしき期間さえ終了させてしまえば、二つ目昇進後三年ほどであのような華やかな世界に入れるんだと、意を決したものでした。

立川ボーイズのコントは群を抜いていました。のらく兄さんのボケ、談春兄さんのツッコミを活かすようなコントの台本を書いていたのが志らく兄さんでした。その後のらく兄さんが廃業し、トリオからコンビになった立川ボーイズでしたが、「ヨタロー」終了後も、地道に二人でコントライブを重ねてきました。私が入門して最初の仕事が、二人の下北沢でのライブのお手伝いでした。志らく兄さんから、コントで使う「森永コーラス」を買ってきてくれと頼まれたのが初仕事でした（どこにも売っていなくて難儀したものです）。

コンビ活動はあくまでも副業で、本業の落語は真打ちを目指す渦中の二人でした。志らく兄さんは前座として弟弟子の談生を使い、談春兄さんは私を使ってくれるようになり、私は、談春兄さんの月例会「月刊談春」の前座として毎月しゃべらせていただくようになりました。

「落語家の伸び盛りは二つ目から真打ちになる時だ」とよく言われますが、それを間近で見させていただきました。同じ時期に志らく兄さんの前座としてついていた談生に聞くと、「志らく兄さんもすげえ」などと言います。自分も「いや、談春兄さんの『たちぎれ』の凄さだよ」などと言い合いましたっけ。その頃の一門の中では、入門順に談春兄さんが志らく兄さんよりも先に真打ちになるだろうというのが大方の予想でした。「師匠は志ん朝師匠に真打ちの時に抜かれているから、絶対弟子をそういう目には遭わせないだろう」。それが一門の弟子たちの共通認識でした。

が、先に真打ちに昇進したのは、志らく兄さんでした。

立川流では「昇進トライアル」という、師匠を自分の会に招いて、芸を見せ、昇進のお墨付きをもらい、満座のお客さんに祝福してもらって昇進してゆくという独自の形式が定着しつつありました。談幸《だんこう》師匠が始めたものが、いつの間にか定番になっていたのです。

志らく兄さんは、たった一回のトライアルで見事に師匠の首を縦に振らせてしまったのです。当時真打ちに向かって、激しいデッドヒート状態だった二人でした。古典の枠を遵守《じゅんしゅ》しながら芝居のような手法でわかりやすく落語にアプローチしようとする談春兄さんに対して、オリジナルのアナーキーなギャグと斬新な構成で落語を再構築させようとする志らく兄さんは、まさに正反対、両極でもありました。「リズムとメロディ」という落語の形式面を重んじる伝統的姿勢と、「落語はイリュージョンだ」という新たな落語の定義に基づく革新的内容。見事に好対照でした。つまり、まさに談春・志らくは談志が後世に残そうとしていた遺伝子そのものでもあったのです。

なぜ志らく兄さんは談春兄さんより先に昇進したのか

志らく兄さんが真打ち昇進した直後の頃だったでしょうか、師匠に雑誌のインタビューがありました。前座としてそこに私はお供させていただいていたのですが、記者から「なぜ志らくさんを談春さんより先に真打ちに昇進させたのでしょうか？」という、まさに自分が訊きたいなと思った質問が師匠にぶつけられました。

するとと師匠は素っ気なく、「あいつは、取りに来いと言ったら取りに来ただけだ」と言い放ちました。これはまさに『あなたも落語家になれる　現代落語論其二』にある言葉そのものでした。

「欲しいものは取ればいいのに、取りにいかないで、〝欲しい〟という。つまり、欲しくないのだ、といわれても仕方あるまい。文句もいわない、行動も起こさないのは、欲しくないのだ」

今調べてみると、同書の出版が昭和六十（一九八五）年でしたから、師匠は十年間もの間、自らの発した言葉を墨守していたのだともいえます。

談春・志らく両兄さんが凄いなと思うのは、ここで抜いた抜かされたでいがみ合ったりするのではなく、まるでじゃれ合うかのようにお互いの存在をきちんと認めていたところです。切磋琢磨《せっさたくま》し合いながらも基本仲がいいのです。タイプが完全に違うからそういう間柄になれるのでしょうか。二人を見てそんな風にしみじみ思います。

とはいえ、その後の談春兄さんの真打ちへ向けての活動は、壮絶ともいっていいぐらいのすさまじさがありました。一回のトライアルで真打ち昇進を決定した志らく兄さんの向こうを張って、なんと小さん師匠までもゲストに招くような形でイベント化させた「トライアル」を数回開催することになります（そのあたりの葛藤《かっとう》や苦悩は名著『赤めだか』に見事につづられています）。そしてその二年後、一九九七年、談春兄さんは正々堂々ともいうべき本人の落語のスタイルのまま真打ち昇進を決めます。

立川流創設後、談志から志の輔という、談志の「ポピュラリティ」を受け継ぐ弟子が生まれ、その後、談春・志らくという、談志の「伝統」と「イリュージョン」を受け継ぐ弟子が生まれました。伝統もイリュージョンも、談志が非常に大切にした要素です。弟子というよりも、天才の思いの元、さらにあとを追う天才が触発されたというべきでしょうか。

談春・志らく両兄弟子は、真打ちへのトライアルで、「歌舞音曲」をそれぞれの落語の中に落とし込んで師匠に挑んでいました。二つ目のみならず、真打ち昇進にも「歌舞音曲」を組み込むのが立川流なのです。

「師匠に技芸を評価してもらおうとしている立場って、守備的な姿勢にすぎないのではないか。それは、昇進してもらおうと待っている立場と同じじゃないか。『取りに来い』とはもっと積極的な攻撃的な意味のはずだ。現に談春兄さんは、師匠が難しいと言っていた演目『包丁』を、まさに包丁を突きつける格好で、『お前の包丁、俺より凄い』と言わせて昇進を決めたじゃないか！」

ふつふつと自分の中で燃え上がって来るものがありました。

タップダンスに本格的に取り組むことを決意する

「俺も二つ目昇進トライアルをやろう」

本来は真打ち昇進時に企画されるべき「トライアル」を、無謀にも二つ目昇進時にやろうと決意しました。そして、その頃師匠には言わずにこっそり習っていたタップダンスを磨いて極めてみようという、さらに無謀な企画を立てたのです。

もともとはというと、タップは、彼女を亡くしたばかりの頃から始めた北大塚での落語勉強会の会場で手にしたチラシがきっかけでした。その会場は普段はレンタルスタジオとして貸し出されていて、週二回タップの教室が開かれていていました。

入門前と入門当初に目論《もくろ》んでいた「短期間前座クリアモード」が、入門数年で脆《もろ》くも瓦解していた頃です。「歌舞音曲」の四文字が重くのしかかるような日々でした。

そんなある日、師匠と練馬の自宅で二人きりの時があり、師匠はいつになく上機嫌で「お前も飲んでいいぞ」とビールまで勧めてくれました。鼻歌交じりに「二階に来い」。こんな日の師匠はニコラス・ブラザーズとフレッド・アステアのタップのビデオを観るのが大好きでした。その日も二階に設置した大画面に映し出された、芸術としかいいようのないタップシーンに酔いしれていました。

氷を浮かべたビールを片手にノリノリの師匠は、立ち上がり、「タイムステップ」というタップの基本ステップを踏み始めました。

「くー。いいだろ、お前にはわからねえかもな」

「な、これに比べれば太鼓なんて楽なもんだ。手で叩くんだからな」

そして信じられないことを口にしました。

「俺は、タップなあ。習いにいったんだけど、ついていけなくてやめたんだ。ま、売れちまったからな、やる時間も取れなかった」

私は、この言葉を「談志が初めて自分に見せた過去の後悔と強がり」と翻訳しました。

「タップをやろう」

タップスタジオのチラシが即座に頭の中で結びつきました。

「タップに比べれば、太鼓なんて、楽なもんだと師匠は言ったよな。ということは、『タップが踏める』というのは『太鼓以上のアピール』につながるんじゃないか。まして師匠が出来ないと放棄した芸能、極められなかったジャンルの芸能だ。だったら自分がそれにきっちり取り組んでいることが伝われば、タップシューズならぬ下駄は履かせてもらえるんじゃないか。普通に歌舞音曲をやるよりインパクトがあるんじゃないか」と。

一九九五年に志らく兄さんが真打ちに昇進する少し前から始めたタップでしたが、その後一九九七年に談春兄さんが真打ち昇進を果たす頃、タップを長期間にわたっての前座修業をクリアするための、タップだけに「足がかり」としようとしたのです。天才たる家元談志の「欲しいものは取ればいいのに、取りにいかないで、〝欲しい〟という。つまり、欲しくないのだ、といわれても仕方あるまい。文句もいわない、行動も起こさないのは、欲しくないのだ」というセリフは、「二つ目昇進の切符を取りに来ないのは、お前が欲しくないからだ。

つまり、嫌だ嫌だと言っている前座のこの環境が好きだからだ」に違いないと覚悟したのです。本来ならば真打ち昇進の際に企画すべき「トライアル」を、二つ目昇進の際にやっちまえと、私は浅はかながら、決めたのでした。だが、それは実は大きな賭けだったとあとで知ることになります。

談志とタップ

談志は「落語はリズムとメロディだ」と、常々言っていました。落語の内容的定義としてはあの「落語は人間の業の肯定」という歴史的なものがありますが、形式的な定義としては何よりも落語のリズムとメロディをこよなく重視していました（ただし、後年は「イリュージョン論」へと変質したせいか、形式的にも楷書から、行書、草書と逆流して崩れてゆくように全編アドリブで処理し、落語の登場人物に自由闊達にしゃべらせるような芸風へと変化していきました。晩年、自分の会に師匠をゲストで招いた時には、その打ち上げで「お前もいつかは俺みたいに下手にやりたくなる日が必ず来るぞ」と言われたものでした。いやはや入門三十年、いまだになかなかうまくもやれないで難儀する日々が続いている現状を恥じるのみであります）。

初期の談志の落語（特に紀伊國屋ホールで独演会を重ねていた頃の音源）などは、まさに「歌うがごとくの名調子」そのものでした。あの頃を代表するネタが、後年ほとんどやらなくなった「野ざらし」でした。先代柳好《りゅうこう》（三代目春風亭柳好）の音源がユーチューブにも残っていますが、それの完全コピーだといえます。若き談志の「野ざらし」は、現代でいうなら星野源《ほしのげん》のようなリズムとメロディで、当時の流行歌さながらでした。その証左として、当時のお笑いの先端でもあった各大学の落語研究会では、こぞって談志の「野ざらし」をやりたがったものだと、先輩方から思い出話を聞いたことがあります。

何がいいたいのかというと、「リズムとメロディ」を落語に求めるような談志は、「落語的絶対音感」の備わった天才だったということです。つまり、その言動、立ち居振る舞いすべてに共通することですが、「スタイリッシュなもの」を目指していたのです。その象徴がタップダンスだったのではと推察しています。タップは、軽やかな身のこなしのみならず、自分の足が打楽器に変貌するいわば「デュアルな舞」です。視覚的にも聴覚的にもスタイリッシュさが要求される難易度の高いダンスです。談志が本能的にそれを愛したのは必然でもありました。余談ですが、「アステアが、俺の目の前に現れて、『小さんと仲直りしなさい』とステップを踏んでくれたら、俺は師匠に謝ってもいい」と、飲んだ時などよく言っていました。惚れ抜いたタップの大名人、フレッド・アステアは師匠にとっての神様でもありました。

　前述の通り、私は一九九五年から、落語会の会場で週二回開催されていたタップの教室に通うようになりました。サザンオールスターズの大好きな女の子を振り向かせようと、桑田さんの歌をコピーしようとする行為とまったく同じでした。過去昇進を勝ち取った一門の先輩方が、誰も取り組まなかった芸能ジャンルです。唯一、志の輔師匠が一瞬かじったことがあるとのことでしたが、やはりあのお方もすぐに売れてしまったので全うできなかったとは聞いていました。

　タップのレッスンはまず「ワルツ」から始まります。幼稚園の頃からやっていて私よりはるかに上手い小学校の低学年の女の子たちなどの間に交じって、三十過ぎのむさ苦しい前座さんが、汗だくになって、先生にまさに手取り足取り教わるさまは異様だったと思います。つま先とかかとに打ち据えられた鉛のプレートが、床と触れ合うことにより音が出るという単純な仕組みですが、単純であるからこそ、音が一瞬ズレただけで、視覚にも聴覚にも違和感しか伝わらないという厳しい踊りでした。

　何度もやめようと思いましたが、熱心に教えて下さる先生方、そしてそこで共にレッスンに励む同世代の仲間たち、またそんな彼らが自分の落語会にも来てくれるようなサイクルが、上手い具合に挫折を阻止してくれました。今思えば、彼女を亡くした喪失感も、タップの練習に励むことで徐々に薄れていきました。

タップ、「かっぽれ」、小唄の練習に励む

タップを習い始めてから二年経った頃でしょうか、師匠が全うできなかったステップ「スローバック」が、当時習っていたタップの先生から「これならもう大丈夫」というお墨付きが出るレベルにまで上達しました。いよいよ二つ目昇進トライアルです。

師匠にスケジュールを調整してもらい、場所はお江戸日本橋亭と決めました。何度もいうようですが、自らアクションを起こさないと、「その状態を快適と見なす」のが師匠なのです。何もやろうとしていないと、「お前はずっとそこにいたいんだろう」と、わずかな「サンプル的言動」でその先を予見してしまうのが立川談志だったのです。

規定演技というか課題である踊りとして、「かっぽれ」と「奴さん」の二つに絞り、講釈は「三方が原軍記」を何遍も繰り返し、落語は芝居口調も入る演目で師匠は絶対やらない「蛙茶番《かわずちゃばん》」、そして終盤に「都々逸《どどいつ》」が入る「妾馬《めかうま》」とセレクトしました。さらに自由演技と

いうか「飛び道具」のタップの曲は、「ステッピン・アウト・ウィズ・マイ・ベイビー」にしました。これは、師匠の大好きなフレッド・アステア主演「イースター・パレード」で流れる曲です。その曲が「スローバック」というステップを踏むにはうってつけで、師匠がクリアできなかったステップを鮮やかに見せつければ、取り組んだ努力の度合いも同時にアピールできるのではという計算でした。

「二つ目昇進トライアル」に向けて、必死に稽古稽古の日々が始まりました。今当時の日記を振り返ると、一九九九年九月二十五日が、トライアル当日と記されています。「一〇〇〇回はタップをやろう」ともしたためられています。タップは足で床を踏み鳴らすダンスであることから、通常の貸しスタジオはなかなか借りられません。「床が傷つく」ということで難色を示されます。安く借りられる稽古場探しから始まりました。一時間六〇〇円という江古田のスタジオを見つけ、通う日々が始まりました。

その前後に、中村橋にあった小唄の先生の元、そして柏木（北新宿）で開かれていた「かっぽれ」の道場に通っており、ほぼ毎日稽古、稽古でした。

「かっぽれ」のあとのタップはかなり足に負担がかかります。膝の痛みはその頃から慢性化し始めました。痛み止めを服用しながら乗り越えるしかありません。これがまた後年の「真打ち昇進トライアル」で再発することになるとは、無論当時は知る由もありません。

苛烈な日々の中ではありましたが、救いになったのは、当時付き合い始めた今のカミさんでした。九州出身の彼女におんぶにだっこの日々で、確実にあの日の悲しみからは脱却することが出来ました。そして、目前に迫った「二つ目昇進」という現実での大きな目標を共有してくれる彼女の存在が、猛稽古と膝の痛みの緩和剤となってくれました。

またタップの先生も、トライアル当日に賛助出演をしてくれることになり、トリオで「シムシャム」というステップを踏む演出をさらに仕掛けました。二の矢、三の矢です。

長男・慎太郎さんからの忠告

さあ、準備万端です。

あとはたくさんお客様を集めるだけです。これまでお世話になった方々、また長野からも多数の方々に来ていただけることになりました。私の故郷上田を地盤とする羽田孜《つとむ》先生からもお花が届くことになりました。九州から彼女が、そして故郷上田からは両親と弟がと、とにかく長すぎた前座時代にピリオドを打つ瞬間に立ち会い、その後一緒に美味い酒を飲もうというムードは、何日も前から醸成されてゆきました。

ただ。

その日というか、やる前からの「祝勝ムード」に私が多少浮ついていたのでしょうか、そんな姿勢が師匠に伝わったのか、その頃から師匠のマネージャーを務めるようになったご長男の慎太郎さんから、やや気がかりな忠告をいただきました。

「ワコールさんのトライアルに、決して水を差すわけじゃないんですけど、追い込まれるのは、当人（つまり師匠）は非常に嫌がるんですよ。『なにも前座の分際でトライアルなんかやることを俺は求めていないんだ』と、言い出していて」

（ははーん、やっぱり、そうきたか。照れの裏返しなんだろうな、きっと）

何も行動を起こさないと、その状態を受忍したものと勝手に判断し追及と糾弾《きゆうだん》をするくせに、いざサプライズ的にかつて誰もがやろうとしなかったことをやろうとすると、照れ始めて距離を取りたがる。嗚呼《ああ》、なんて天才は身勝手でわがままなのでしょうか。無論、そんな程度でへこたれる私ではは、もうありません。前座とはいえ私もたくましくなりました。

「慎太郎さん、ご子息から見た率直なアドバイス、本当にありがとうございます。とにかく師匠に来ていただければ、絶対損はさせないものをお見せするだけです。当日はくれぐれもよろしくお願いします」とだけ伝えました。

その頃すでに八年以上も師匠のそばにいたのですから、弟子がとった行動に対して、師匠がどんな印象を持つかということぐらいは、理解していたつもりでした。

が、やはり、それが当日、大きな暗雲になってしまったのです。

第五話 「あー、機嫌が悪いんです」

無茶振り返し

人間、守勢に回っている時って、つまらないものです。主導権が向こう側にあるからです。このあたりの心理は、依頼された講演でもよくテーマにさせてもらっています。つまり「談志からの無茶振りに耐えるのが修業に違いないが、その無茶振りに対して『無茶振り返し』というリターンエースを打ち込むべきだ」と。談志の繰り出す基準を突破するためには、その基準をさらに凌駕するようなことを仕掛けないと「成長」はあり得ません。一門の先達である志の輔師匠は、師匠から「売れろ!」の一言しかもらっていないそうです。そんな抽象的な無茶振りに対して、「ガッテン」して売れてしまうなんて、やはりこの兄弟子も天才です。

師匠が「俺なりに格闘してみたが、このネタは無理だ」とあきらめた「包丁」という音曲噺があります。師匠は天才的な調整力から木更津甚句《きさらづじんく》でなんとかこのネタをものにしましたが、談春兄さんは、正面から中央突破する形で、抜群の耳の良さからこのネタをブラッシュアップし、まさに師匠に「包丁」を突きつける形で「このネタに関しては、俺よりうまい!」と認めさせ、真打ちになりました。

志らく兄さんは、前座、二つ目時代から古典落語を独自の感性から根底から変えてしまうような大胆な演出を取り入れて早くから観衆を爆笑させ、また師匠の大好きな「懐メロ」、「映画」というキーワードを繰り出し、師匠と同じ価値観であることを全面的に打ち出して、駆け抜けるかのごとくあっという間に昇進して行ってしまいました。

この三人のような天才性を、師匠は私には求めてはいません。

ただ、「師匠の家の冷蔵庫の中身を全部腐らせてしまうような箸にも棒にもかからないような前座だった私でも、『師匠の歌舞音曲の基準を突破しようとしている』という一点を認めてもらえたら、活路は見出せるはずだ」という確信がなぜか芽生えつつありました。そしてさらに、日頃からずっと支援して下さっている大勢のお客さんが入って、「衆人環視」という条件が加われば、師匠は首を縦に振って俺を昇進させざるを得ないだろう、と。

「兄さん、落ち着いて下さい」

一九九九年九月二十五日の土曜日の夜。お江戸日本橋亭にて、「二つ目昇進トライアル」を企画しました。

プログラムは、次のようになっていました。まだ前座という身分ですので、前座は自分。まずは「蛙茶番」で一席ご機嫌伺い的にしゃべります。その後、音曲的な、屋台囃子《やたいばやし》のリズム感が問われる「片棒」。次に、立川流の歌舞音曲の中の「課題曲」に相当する「かっぽれ」、「奴さん」の二つの踊り、そして、師匠の一席。中入休憩後に、「自由曲」であるタップ「ステッピン・アウト・ウィズ・マイ・ベイビー」と、トリオ（当時タップのご指導をいただいていた同い年のタップダンサーの平田さん、永松先生、私）で踊る「シムシャム」。平田さんと永松先生によるタップデュオの間に、私が着替えて、トリの一席。演目は、最後に八五郎が酔っぱらって都々逸を唸る「妾馬」——という構成でした。

早めに会場入りして、日本橋亭の舞台にタップボードを敷き詰めている時でした。会場の係員に呼ばれました。

「ワコールさん、電話です」

出ると、今日師匠を迎えに行ったはずの談号（現・登龍亭幸福《とうりゅうていこうふく》）からでした。

「おう、どうした？」

「兄さん、落ち着いて下さい」

理系頭で普段から落ち着いていた彼は、師匠からも重宝がられるぐらいの優秀な前座でした。当時の私は弟弟子からそんなセリフを言われるぐらい落ち着きがなかったのです。

「……師匠の機嫌が、とてつもなく悪いのです」

毎日師匠に付いている彼がそういうのですから間違いありません。

「どんな具合なの？」

「じゃあ、師匠の言葉、そのまんま繰り返します」

「うん」

「……ワコールのバカ」

「えっ⁉」

「いくら師匠の言葉をそのまんま伝えるにしても、弟弟子のくせに兄弟子に向かってそんな言い方はないだろうがよっ」という気持ちで幾分ムッとしてリアクションしました。

「いや、私が言ってるんじゃないんです。師匠が言ってることそのまんま伝えてます」

「あ、ごめん、じゃあ言って」

「はい、ワコールのバカ」

「もうそれはわかったから」

「すみません……あいつは勘違いしている。俺はなにも客を呼んだところで、歌舞音曲を見せろとは言っていない。俺にだけ見せりゃいいものを、前座のくせにって」

「ありがとう。わかったよ。でもプログラムには師匠に落語をやってもらうことになってるんだ。俺の会のゲストなんだ。師匠が了解してくれたからそもそもこの日に設定したんだ」

「ですよね。わかりました。またうだうだ言うかと思いますが、これからまた入ります。早めに案内するようにします」

「ごめんね、大役、ありがとう」

前座時代、一番きつかったこと

今振り返ってしみじみ思い出すことですが、前座時代に何が一番きつかったというと、師匠を迎えに行って、支度を整え、会場入りするまでお供することでした。落語会、特に毎月九日に国立演芸場でやっていた「談志ひとり会」の時なんざほんと大変でした。毎月その場所で命がけで勝負するようなスタイルでしたから、非常に神経が鋭敏になっていてピリピリしていたものでした。まして自分はドジな前座です。毎回、怒られに行くような格好でした。

一度年末でしたか、事務所に師匠宛てに届いた新巻鮭を持参して、弟弟子の國志舘（現・三遊亭全楽）と二人、根津の師匠宅に迎えに入ったのでしたが、持参した鮭の大きさに目を留め、そこに「行きたくない理由」を見つけようとしてきました。

「なんで、お前らに持たせたんだ？　由雄（当時立川企画社長の松岡由雄さん。師匠の実弟）か？　弟子を勝手に使いやがって。俺は今日は行かない！」

まるで子どものいいがかりでした。國志舘と二人、国立演芸場に戻って事情を説明すると、そこは長年の手練手管《てれんてくだ》、由雄さんは師匠のとりなし方が絶妙に上手く、結局師匠を迎えに行った私たち前座二人が悪いということになってしまいました。遅れて自宅マンション下の煎餅屋《せんべいや》さんの軽自動車に乗って楽屋入りした師匠から、「俺が何を言ったにしても、お前らの役目は俺を会場に連れて来ることだ」となぜか逆に怒られるということで幕を閉じたのです。ほんと不条理矛盾に耐えるのが前座さんなのです。

談号のナイスな差配で、師匠は案外早く楽屋入りしてきました。おそらく談号から自分のセリフが伝えられていると察した師匠は、私が挨拶しても目を合わせようともしてくれません。私も、八年前座です。必要以上に申し訳なさそうに振る舞う理由もないとの意識から、「本日はよろしくお願いします」とだけ伝えました。そんな私の珍しく毅然とした言動に気《け》圧《お》されたか、「あのな、こんなに派手にやらなくてもいいんだ。真打ちのじゃねえんだからな。わかってりゃいいんだけど」と一言。談号からの伝言からは想像できないようなトーンダウンに私は笑いそうになりました。

「では、勉強させていただきます」

「何やんだ?」

「『蛙茶番』と『片棒』です。『片棒』のあとに『かっぽれ』と『奴さん』、踊ります」

「ほう」

一瞬、それまで険しかった目元が緩みました。

「客席後部に、師匠のお席用意しています。見て下さい」

「わかった」

「あー、機嫌が悪いんです」

日本橋亭は椅子席のみで七〇席ぐらいのキャパでしたが、「ワコールの晴れ姿を見たい」「ドキュメンタリーで昇進する様子を味わいたい」と、ずっと支援して下さっているお客様が一二〇名以上、集まりました。完全にホームグラウンドです。正直みんな私の味方で、普通の古典落語のくすぐりでも爆笑してくれるほどでした。一挙手一投足にまで注目してくれています。会場入り口には、師匠とも懇意の、郷土上田選出の羽田孜先生の巨大生花が、正に花を添えていました。

満座が二席で喜んだあと、師匠がそそくさと小さく肩をすくめるようにして「審査員席」に座りました。師匠は誰にも気づかれないよう潜むような形で席に着いたのですが、なぜか「そこから先は審査だ」というようなやや重い雰囲気になり、空気が変わりました。やはり天才落語家一人の存在感は凄いものがあります。

負けるつもりはありません。落語を終えた私は、座布団を脇に寄せて立ち上がり、着物の裾《すそ》をすばやくたくし上げ、音響を担当してくれていた前座さんに目配せをして、テープの音を促しました。

「かっぽれ」。浅草は浅草寺において、幇間《ほうかん》の元祖、豊年斎梅坊主《ほうねんさいうめぼうず》が踊り江戸の町々を活気づけたのが最初といわれている、元気の出る明るい踊りです。真剣さが、客席にも伝わった手ごたえを覚えました。師匠は、ずっと腕組みをしてこちらを凝視《ぎようし》しています。踊り終えたあとの拍手の中、もう一曲「奴さん」を踊りました。花柳界でもおなじみの踊りです。踊りの後半にもなると、楽屋入りした時よりは幾分固さも取れたような師匠の表情に、こちらも安心して踊り終えます。

「これはいい評価をもらえそうだ」

手ごたえを覚えて、バトンタッチする形で師匠と出番が入れ替わります。

不機嫌丸出しの顔で、出囃子「木賊《とくさ》狩り」に乗って師匠が高座に座ります。

「あー、機嫌が悪いんです」

もうこれだけで客席はひっくり返るように大爆笑でした。「ワコールが二つ目になりてえって。なりたきゃなりゃいいだけなんです。なにもこんなに集まるほどのことじゃないんです。あいつは昔から力の入れどころが違う奴でして」とさらなる笑いを巻き起こして、「ま、頑張ってる奴ですから、見捨てないでやって下さい」と言ったあとに入ったのが「やかん」

でした。

「海の水はなぜしょっぱいの」

「シャケがいるからだよ」

「地球は丸いんでしょ」

「丸かないよ、海の向こうにいけばみんな落っこちるんだよ」

「嘘だよ、地球儀って丸くなってるよ」

「オマエ、まさか文房具屋で売っているもの信じてるのか」

などなど、談志のオリジナルギャグ満載の十八番ネタでした。お客さんは、確実に笑い疲れを起こしていました。その前の私の二席が完全にどこかに飛んで行ってしまうような破壊力でした。私は自分の公開試験のはずなのに、どこか心の中では、「俺の師匠、凄えだろ」とお客さんに威張りたいような衝動にすら駆られていました。妙な心持ちでしたが、これこそ徒弟制度のもたらす妙味なのかもしれません。

圧巻の高座は彼我《ひが》の差そのものでした。簡単に弟子をネジ伏せて楽屋に戻った師匠は、タップの助演のお二人に、「こんな奴のためにありがとうございます」と丁寧に頭を下げ、自分からビールを進めていました。

氷を浮かべたビールは、師匠の落語のあとのルーティンでした。一口すすり、改心の「やかん」に上機嫌になったのでしょうか、

「踊りは、あの調子でいい。好きになったろ」

決して合格とは言ってくれませんでした。

「次は何やるんだ」

「『妾馬』ですが、その前にタップのスローバックをやります」

あえて師匠がタップで挫折したステップ「スローバック」というキーワードを織り込む暴挙に出ました。

「スローバックか」

「はい、『ステッピン・アウト・ウィズ・マイ・ベイビー』で踊ります」

「けっ」

明らかにしくじりました。完全に地雷を踏んだ格好です。短い「けっ」には、「お前、俺が出来なかったことをあえてやろうとしてやがんな」という軽い怒りと、「あの曲はお前ごときが踊れるはずはない」という侮蔑の匂いが立ち込めていました。私が促すより早く、師匠は最前の「審査員席」に戻りました。

中入後の幕が開きます。着流し姿とは打って変っての洋装に、ワコールサポーターと化した観客はヒートアップします。「ワコールさん、頑張って！」などとタップ仲間の若い女性陣が黄色い歓声を挙げます。師匠は明らかに不機嫌丸出しになってしまいました。

「やばいかも」

もうこうなれば当たって砕けろです。音楽が先行します。一〇〇〇回は繰り返した曲でした。もう完全に身体に入っています。間違うわけありません。お客さんからの合いの手の拍手がまるでメトロノームのようになったおかげで私もリズムを取りやすくなり、最高潮に乗る形で最後のブレイクを決めました。

ふと前方に目をやると、審査員席にいたはずの師匠の姿は見えません。私は客席に一礼し、楽屋に戻りました。

「妾馬」のあとの無茶振り

案の定、師匠は楽屋にいました。楽屋に入ったとたん、師匠の怒号を浴びました。

「ああじゃねえんだよ。アステアだぞ！　お前、三木助師匠の『芝浜』を素人がマネをしているの見て、嬉しいか。そういうことだ！」

「申し訳ありません」

なんで謝らなければならないんだろうと自分でも不思議に思えましたが、師匠の好きだった世界観を汚してしまった申し訳なさからそんな言葉しか出てきませんでした。それでも師匠は、汗と涙だらけの私に少し言いすぎたと思ったのでしょうか、

「努力は認めてやる。次は何だ」

「『妾馬』です」

「わかった」

後悔なんかしている場合じゃありません。やり切った手ごたえと引き換えに大きなものを失ったようにも思えましたが、それは一瞬でした。前を向くしかありません。「妾馬」で逆転するしかありません。「初孫に会えない母親の切なさ」がグッとくる長編人情噺です。勿論師匠は照れ屋ですから絶対やらない噺でした。涙をすする声が漏れるようないい出来でした。決めの都々逸も、音程が外れることもなく、うまくやり終えました。オチのセリフのあと、師匠が、私が招くより先にやってきました。おもむろに高座に上がり、私の隣に座りました。

「うー、さっき、こいつにも言ったんだけど、努力は認めてやる」

拍手が起きます。それを打ち消すように、

「いや、そうじゃねえんだ。努力しか認めてやれないんだ。お前、講釈やってみろ」

まさかの展開、まさに無茶振りでした。ただ、実は私は隠し玉として、「二度目の清書き」という講釈の演目も用意していました。

これもかなり稽古をした講釈で、調子よく語っていたのですが、師匠は途中で遮《さえぎ》り、切って捨てるように、

「うーん、それは真打ちの修羅場なんだ（つまり、前座レベルがしゃべる内容ではないという意味）。つまり、お前をこの場所で二つ目にするわけにはいかない。大勢お集まりいただいてありがとうございます」

師匠の一言で強制終了する形で、「二つ目昇進トライアル」は幕を閉じられてしまいました。

師匠はそそくさと談号を伴い、帰路を急ぎました。

「ありがとうございました」

完全に顔をつぶされた格好の私は、余力のような一言を絞り出しました。言葉では謝意でしたが、「面目まるつぶれじゃねえかよ、どうしてくれるんだ。あれでダメなら何をやりゃいいんだよ」という怒りと昇進に対する絶望しかありませんでした。

師匠は振り返りました。

「お前の釈然としない気持ちはよくわかる。いいか、あそこでお前を昇進させなかったところが俺の凄さだ。よく覚えておけ」

グサリとくる凄い一言でした。

完全に目標に対するモチベーションを失った私は、師匠がタクシーに乗り込む姿を見届けてから、多数のお客さんの待つ「祝勝会」ではなく「残念会」の会場へと向かいました。

第六話 怒りの対象を求める天才

師匠への罵声

「てめえ、一体どうすりゃいいんだ。歌舞音曲の基準はすべてクリアしたはずだ！　あれだけお客を集めた上に、昇進見送りなんて、俺の面目丸つぶれじゃねえか！　どうしてくれるんだよ！　というより、一体どうすりゃいいんだよ！　あと何をやりゃいいんだよ!!!」

自分でも思ってもみないセリフが、師匠に向かって饒舌《じょうぜつ》に出てきました。クビを覚悟していたからでしょう。それを聞いていた師匠は明らかに気圧されています。「お前ってそんな奴だったのか」と、驚きと落胆と恐怖の色がその表情から見て取れます。「まあ、待ってくれ。取り合えず落ち着け！」

その目にはうっすらとした涙が浮かんでいました。

「どう思われてもいい！　振り回しやがって！」

（お前、今まで積み上げて来たモノをムダにしちまうのか⁉）

もう一人の自分の姿が師匠の目のふちの涙に浮かび上がっています。

「お前、そのぐらいにしておけよ、いい加減にしろ‼」

天の声でした。

「ハッ‼‼」


勿論、夢の中での出来事でした。

酒の強くない私でしたが、「昇進内定パーティ」となるはずの「二つ目昇進トライアル打ち上げ会」は、「残念会＆慰め会」へと切り替わってしまい、必然的に祝い酒がヤケ酒になった格好でした。目を覚ますと、いつもの東大泉（当時）のアパートの部屋でした。どこをどう歩いてたどり着いたのかわかりません。こんなに飲んだのは学生時代以降、初めてでした。重い頭を押さえながら、立ち上がると腹部に猛烈な圧迫感を催しました。産気づいたかのように（無論産気づいたことなどありませんが）、慌ててトイレに駆け込み、戻します。数回は嘔吐したでしょうか、回らない頭で必死に必死に昨日の出来事を巻き戻し反芻《はんすう》しながら、冒頭の師匠に向けたはずの罵声が夢でよかったと心底思うと、情けなさも手伝って泣けてきました。

師匠の元へ

昨晩の宴会には、往年のにっかつ看板女優の宮下順子さん、脚本家の白鳥あかねさんら、映画関係者が喜びを分かち合うべく待機していました。

「ねえ、談志さんに言っちゃおうかしら。あの判定はおかしいって。談志さんには伝えるルートがあるんだけど」

実際師匠とは昵懇《じっこん》の映画関係者も来ていました。

「いや、もういいです。自分の力不足です」

「だって、前座さんなのに、踊りや唄やら、タップやらと、あんなにバリエーションに富んだことやったのに、お客さんも大満足なのに、オカシイ、絶対！　順子使って色仕掛けしちゃおうか？」

順子さんもあっけらかんと大笑いします。

「いや、師匠に行くなら、順子さん、私のところにお願いします」

子どもの頃から憧れていた女優さんに、格好いいところ見せたかったなあと悔やみながらそう言うと、さらに笑いがこぼれて、場が和みます。

「今日はもう飲んじゃえよ。明日から、明日から！　ここには味方しかいないから」

自分のシナリオの師匠でもある脚本家の我妻正義さんが取り成し、酒がさらに進んだのでした。注がれたビールで心の中の怒りの炎を消すかのようにグイっと呷《あお》りました。「お、お前が一気飲みって、珍しいな」。さらにグラスにビールが注がれます。

記憶はそこまででした。

誰がその会を締めて、どう帰ったのかもわかりません。きっと飲み代《しろ》もみんなで負担してくれたのでしょう。ほんと、今も昔も私はいいお客さんに囲まれています。

「……やばい、酒を覚まさなきゃ」

迂闊《うかつ》でした。

「師匠を自分の会に呼んだ弟子は、翌日師匠にお礼の品を持って挨拶に行かなくてはいけない」。こんな大きな仕事があるのです。師匠へのかようなアフターケアを完遂して初めて仕事が終わるのです。「家に帰るまでが遠足」みたいなものでしょうか。二日酔いのまんま行ったりなんかしたら明らかにしくじります。一帳羅《いっちょうら》のスーツに着替え、ドラッグストアでソルマック内服液を二本購入し胃に流し込みました。幸いというか、何度か吐いたせいで、アルコールも全身に回っておらず、師匠が起きるはずの昼過ぎにはほぼ回復していました。昨日出演していただいたお礼が言いたい気持ちも勿論ありましたが、今後のアドバイスも聞きたいと思っていました。いや、それ以上に、「あれだけやったのになんで落としたんだ」という脅しにも似た感情を、少しだけでもいいから師匠にぶつけてみたいなという神をも恐れぬ思いも抱いていました。やはり、まだ酒は残っていたようです。

通い慣れた根津へのマンションへの道でしたが、あと何回前座としてこの道をたどらなければならないのかと、日増しに秋めく風を受けながら思いました。老いた両親も、遠路長野から来ていました。孫の顔でも見せてあげて、安心させてやらなければならない年齢です。好きで入った道とはいえ、もう三十半ばです。吉本あたりの芸人だったら、やめてカタギに戻ろうかと考えるべき年頃です。上野動物園に行くであろう同年代の男性が、幼子の手を引いて家族サービスに没頭する姿と、我が身をついつい引き比べてしまう自分がいました。そんな人たちに背を向けるかのように、上野松坂屋でお礼の品を買い求め、師匠宅へと急ぎました。

腕時計で時間を確認して、インターホンを押します。もう八年以上も続けていてもはやルーティン化した行動でしたが、一向に緊張の糸は解けません。これが師弟関係、いや天才と凡才との差なのでしょうか。

「はい」

「おはようございます。ワコールです」

「……入れ」

師匠の言葉にも、魂が宿っているかのようでした。短いセンテンスなのにいちいち自己主張してくるのです。「入れ」という言葉の前の間で、天才は夕べの出来事を確実にプレイバックしているはずでした。

「**もう一度勉強し直します**」

やけに重く感じるドアを開け、「昨日は、ご出演いただき、ありがとうございました」。

（うそつけ、そんな風になんか思っていないだろ）

昨日から頭の片隅に住み着いたもう一人の自分が心の中でそうつぶやきます。

(お前は黙ってろ)。もう一人の自分を制します。

そんなせこい頭の中の一人芝居を見透かすように、師匠に言葉が炸裂しました。


「ダメ！　あんなんじゃ、ダメ!!」


完全否定。言われたくはない一言でした。傷口に塩を擦り込むかのようでした。

「アステアを愚弄《ぐろう》したのと同じだ、あれは！　あのまんまじゃ、お前は当分二つ目にはさせない！」

傷口に塩ではなく、まるで塩酸でした。

「俺は、あんなのを求めていない。問うているのは、あくまでも基礎だ。いいか、お前は努力しているつもりでも、努力なんてな、バカに恵《あた》えた夢なんだ！　素人じゃねえんだぞ」

矢継ぎ早に来る罵詈雑言《ばりぞうごん》でした。いや、談志流に言えばアドバイスなのでしょうが、骨が溶けるかと思うほどの峻烈さを伴っていました。

「もう一度勉強し直します」

昭和の名人・桂文楽が高座の上で絶句し、次なるセリフが出てこない時に吐いたセリフでした。まさか前座の分際の私がその言葉を口にするとは思いませんでした。涙が目に溜まってきました。「もう一度勉強し直します」は、「もうどう勉強すればいいのかわかりません」というようなニュアンスで師匠に伝わったのでしょう。

「くどいようだがな、あそこでお前を二つ目にしなかったところに、俺の凄さがあるんだ。わかれ」

怒りすぎたという反動もあって、幾分マイルドなトーンになりました。この優しさがクセモノなのですが。

「タップはともかく、踊りは、認めてやる。唄と講釈だな」

「はい」

「あんなに客集めてやることはねえんだ。わかってるな？」

「また頑張ります」

（おい、あの夢の中での威勢の良さはどこ行っちまった？　夢の中と同じセリフ、言っちまえよ）

（言えるわけねえだろ）

（だらしねえな）

（うるせえ！）

「なんだそれ？」

お礼の品に目を留めた師匠でした。

「カニ缶です」

昨日のお客さんからのご祝儀で買った、結構値の張る品でした。

「ほう、そこへ置いとけ。気、使わせたな。ありがとよ」

やっと、ほぐれた表情になったところで、辞しました。

歴然とした彼我の差の状況では、まともな会話は成立しないものです。これが、師弟という距離感ではなく、たとえば「学校の先生と生徒」とか「スポーツ界のコーチと選手」とかだったら、より具体的に自分の改善すべき点が明確になるはずです。しかし徒弟制度、しかも立川流という圧倒的な隔絶状態の日々では、ただ師匠の機嫌のみにフォーカスしてしまう行動原理が身に染みてしまっています。そんな環境では臨機応変さは身に付きますが、悪くいえばその場しのぎの毎日です。もうそんな日々を八年半も続けてきているのです。

気が付けば、弟弟子の談生にも抜かれたばかりか、よその団体では、自分より五年も後輩の子が二つ目に昇進するなどし、出身地のローカル紙などではお披露目の会の知らせなどが掲載され、地元上田の両親の元にも伝わります。

「お宅の息子さんは、まだ前座？」

「目が出ないのは素質がないからじゃない？」

口さがない田舎の人たちの言葉も、人づてに入って来ます。両親に、またしてもいいところを見せられませんでした。

師匠の苦悩

今振り返ってみると、ちょうどその頃は師匠も六十歳を超えたあたりで、早期の食道がんが見つかり無事手術で切除するなど、確実に「老い」の二文字と直面し、人生のピリオドを想定せざるを得ない時期にさしかかっていました。芸の上でも「落語は人間の業の肯定」という歴史的な定義からさらに飛躍し、「信号、赤だぞ」「女房に言うな」などを具体例とする「落語はイリュージョンだ」への転換期にも当たっていました。談春兄さんが「談志の絶頂期は六十代だ」と言っていましたが、まさにその入り口の時期にさしかかっていました。

自らの芸の完成度を高めるのだけに専念したいはずなのに、それが許されず、一を聞いて十を知るどころか、十を教えてやっと一を知るような弟子のめんどうを見なければならないという「過酷さ」。これこそ天才の宿命なのです。ま、二十年近く経った今、やっとあの頃の師匠の苦悩を想像しているのですから、ほんとどうしようもないものです。

大病を克服した師匠でしたが、前述したように、退院した直後、一瞬だけ「優しくなった」ように見える時期がありました。そんな時期はすぐに過ぎ去り、その後はむしろ、やたらと以前より細かいことを気にするようになった感じがしました。その頃は、弟弟子も増えて、日々の仕事の打ち合わせや、テレビの取材、出演など師匠の日々の仕事には、自分より下の前座さんたちが付くようになり、身の回りの世話などからは解放されたような日々を送っていました。極端にいえば、師匠の独演会などの時だけ挨拶に出向くような形でした。「お前は俺に付くより、歌舞音曲を全うしろ」という師匠の差配でした。

十日ぶりに師匠に会うといったようなことも当たり前になったのは、精神的にも楽になったのですが、久方ぶりに会って私の姿を見つけると、あえて周囲に聞こえるかのように「お前は今のまんまじゃ、二つ目にはさせないからな」と釘を刺されてばかりいました。

タップだけはアンタッチャブル

打ち上げなどの席でもことあるごとに、「だからあいつはダメなんだ」と、名指しで師匠から批判されるようになってしまいました。

師匠が全うできなかったタップを師匠の眼前で披露したことの「代償」はあまりにも大きかったと後悔しました。他の一門の先輩方が、「タップだけはアンタッチャブル」として身に付けようとしなかった理由に、手遅れではありますが気がつきました。

天才は基本サドです。唯我独尊的環境がますますそれを増幅させます。「俺が俺が」の攻撃的な姿勢でその地位を築くわけですから、自らの地位を脅かすものに対する感受性はずば抜けています。実際、師匠はインタビューではよく、「立川流を作ってよかったのは、外野の雑音をすべてシャットアウトできるようになったことだ。自己チェックだけに専心すればいいんだから」と答えていました。この言葉がすべてを物語っています。師匠の地位を脅かすレベルでは無論ありませんが、少なくとも師匠がさまざまな理由で手掛けられなかったフィールドを身に付けて、認めさせようとする行為というか「了見」には、嫌悪感を抱いたのでしょう。いや、言い訳がましく聞こえるかもしれませんが、万が一上手いタップを披露したら、それはそれできっと羨望から激しい憎悪になっていたはずです。まだ下手なレベルだったから、嫌悪レベルで済む「救い」があったのかもしれません。無論今だからこそいえることですが。

いつだったか、「ハンク・ウイリアムズの『アイ・ソー・ザ・ライト』、テープに録音していてくれ」と言われて、後日「師匠、ハンクの歌、録音しておきました」と答えただけで、「ハンクなんて、そんなフランクに言うもんじゃねえ！　俺の青春だ」と、たまたま機嫌も悪かったのもあって怒られたことがありました。人間、好きなものには敏感になるものです。まして、相手は天才の立川談志、「自分がこう振る舞えば、相手はこう思うだろう」という「メタ認知」の基本がわかっていたら、絶対タップなんかやろうとはしなかっただろうし、まして、師匠の大好きだったフレッド・アステアの名曲中の名曲で踊ろうとは思わなかったはずです。

私は、人間関係の基礎の機微《きび》というか、エチケットがわかっていなかったせいで、九年半の前座修業のうち、三年は損をしているかのように思います。もっとも、そんなコミュニケーションの壮大な実験を天才相手に実践できたというのは財産でもありますし、だからこそこの本を含めて二一冊もの本が書けてもいるのですが。

「兄さんは、前座の中の避雷針」

さて、天才はサドだと書きましたが、サドがマゾを無意識のうちに求めるかのように、師匠が無意識のうちに求めた「徹底的に怒る対象」が当時の私だったのかもしれません。

些細なことで異様に怒られる私に対して、一つ下の弟子である國志舘が、見るに見かねて、

「師匠、兄さんに対して厳しすぎっすよね」

「やっぱり、君もそう思う？」

「ま、兄さん、師匠を追い込んじゃったんですよ」

志加吾（現・登龍亭獅篭《しかご》）からは、「兄さんは、前座の中の避雷針ですよ。だから僕らが助かっています」とまで言われました。当時、前座の身分ではありましたが志加吾は雑誌『モーニング』で「風とマンダラ」という四コマ漫画のレギュラー連載を持ち、師匠も特例として「我慢して認めてやる」と言っていました。

その頃は前座の上の身分として、かように國志舘や志加吾ら後輩諸氏にも同情と励ましを受けるような形で、なんとか「もう一歩を」と修練を重ねる日々が続いていました。

「もう一度、踊りも、唄も、稽古し直そう。捲土重来《けんどちょうらい》だ」

師匠番は新弟子たちに任せて、また師匠に見てもらうべく研鑽を積んでいました。

「もう少しだ」

踊りの師匠も、唄の先生も「ワコールさん、ほんと上手くなった」と言ってくれるようになりました。「よし、師匠に見てもらおう。今度は個人的に根津のマンションに出向こう」。

確実に二つ目には近づいていたはずでした。

しかし私は、少しずつ重ねていた「二つ目」再挑戦への努力が、一気に水泡に帰するようなことをしでかしてしまいました。

前座の身でありながら、結婚したのです。

第七話

弟子の課題は、弟子自身に気づかせる

結婚の決断

「平成の楽屋話の王様」といわれた春風亭勢朝《せいちょう》兄さんは、当時、前座期間が異様に長かったキウイ兄さんと私を評して、「キウイが腐って、ワコールがブラブラしている」と見事に言い切りました。

余談ですが、この兄さんは、立川流で何か事件が発生すると、必ず私にネタを送ってきます。中島らもさん原作の落語家の師弟関係を面白く描いた「寝ずの番」という映画が封切りされた時には、「今、『根津の番』は誰なのかな？」などなど。落語家というプロをネタで笑わせる力量たるもの、同業者としてリスペクトするのみです。作家の吉川潮先生とこの兄弟子三人で飲んだ時、私が勘定を払わせてもらった時なぞ「よ、お談（旦）慶！」と言われた時には思わず吹き出してしまいました（お旦は落語家のスポンサーを指す）。故郷上田での真打ち昇進公演で、吉川先生を招いた打ち上げの席で、出てきた蕎麦《そば》の茹で方にムラがあったようで、それを吉川先生が指摘した時に、「ま、真田茹でムラとも言いますから」と返したのには、神がかり的なセンスにジェラシーさえ覚えました。

さて、二つ目昇進トライアルのあと、ブラブラしていた私に、活を入れようとしてくれた人物がいました。当時福岡は久留米に住んでいて、二か月に一度の前座勉強会のたびに上京してきた当時の彼女、今のカミさんです。第四話でも、ちらっと触れましたね。

以前勤めていたワコールでセクレタリー業務に携わっていた彼女は、九州女らしく肝の据わったタイプで、私に寄り添って付いていこうとしていた前の彼女とは明らかに違うキャラで、その反動もあり、一気に傾いてゆきました。やがて、彼女が私のプロポーズを受け入れてくれて、結婚することになりました。

しかし、第一話で述べた通り、前座は恋愛禁止でした。ましてや、結婚なんてもってのほかです。「師匠に報告するのは、ほとぼりが冷めてからでいいよ」と言う私に、「ほとぼりなんていつ冷めるの？　もう、師匠のところに、挨拶に行こう」と言う彼女。

「挨拶に行ったって怒られるし、挨拶に行かなかったら、それでまたあとで怒られるんだよ」

「ほーら、あなたはやっぱり逃げている。どっちにしたって怒られるなら、先に怒られたほうがいい。私は大丈夫。覚悟している」

彼女の言うことはいちいちもっともでしたし、私より度胸もありました。

師匠への結婚の報告

彼女に背中を押される形で、二人で師匠のマンションに向かいました。途中、上野松坂屋でお土産用のメロンを購入。マンションに到着し、意を決してインターホンを押します。

「はい？」

インターホン越しに師匠の明らかに不機嫌そうな声が聞こえました。明らかに寝ていたのを起こされた不快感丸出しの声は、今こうして書いていても戦慄の走る響きでした。やはり人の心をつかんで離さない周波数の持ち主です。短いセンテンスでも人を確実にキャッチします。

「おはようございます。ワコールです」

緊張しながらも滑舌よく伝えました。少しの間を、師匠は取りました。

「……どうした？」

この間、そしてこの一言にはいろんな意味が込められていました。私の声がやや震えていたのを敏感に察知したのでしょう、よほどまた大きなしくじりをしたのかと、天才ゆえの直感からそう思ったはずです。

「……実は大事な話がございまして、お邪魔致しました」

「……やめるのか？」

二つ目昇進トライアルで落とされて以来、目標というより、目標に対する取り組み方を摑み損ねていたのを、師匠はやはり憂慮してくれているかのような若干の優しさが見て取れました。私は、「わからなければ、俺に聞きに来い」と言ってくれたことを思い出しました。ぶっきらぼうな言葉のその中には確実に「お前を見捨てたわけじゃないんだ」という響きも込められていました。そこに「師匠を優しいと思うというのは、お前がそこに甘えているからだ」という談春兄貴の言葉も同時にオーバーラップしてきます。

（やはり、師匠は優しいんだな）

私はそんなさまざまな思いを打ち消すかのように、隣にいる彼女を見つめながら、こう言いました。

「いえ、違います。このたび、結婚させていただこうかと思いまして」

するとガラリと口調が変わって、

「そっちに行く」

セリフのあとには、「お前は何もわかっていない！」という怒りの補助線が明らかに引かれていました。

玄関のドアが開かれたとたん、罵声が飛んできました。

「前座の分際で何を考えているんだ?!」

一気にいつもの怖いトーンに戻りました。

が、私のそばで一緒に緊張している彼女を見て、急に優しくなりました。

「あ、すまない。君は耳を閉じていていいから。彼に言っているんだから、気にしなくていいから」

一転、あの「らくだ」を演じる際のドスを利かせた口調が、私を襲いました。

「おい、身をわきまえろ！　前座で結婚なんて言語道断だ！」

取り付く島もなく、再びドアは閉じられてしまいました。鈍い響きでした。

完全しくじりでした。

予測していたこととはいえ、二つ目昇進の目標に向かって積み上げていった信頼関係が一気に崩れたかのような感じさえしました。とはいうものの、結婚を認めてもらえなかったのは、彼女も一緒でもありました。

「ごめんな。俺、一日も早く二つ目になる」

「うん、そうして」

やり場のない自らのふがいなさをひたすら恥じるのみでした。よく見れば、彼女は小さく震えています。落語界というか、立川流そして談志の怖さを垣間見てしまったからでしょうか。

「帰ろうか」

と声をかけた瞬間でした。突然、閉じられていたドアが開きました。

「メロンは、もらっといてやる！」

私は確実に師匠をしくじり、師匠宅に入ることすら許されませんでしたが、メロンは私より出世が早かったようです。

呆気《あっけ》に取られてしまいました。

振り出しに戻った二つ目昇進

結婚を認めるというお言葉はいただけませんでしたが、「別れろ」とか「破門だ」とも言われなかったので、結局私たちはそのまま結婚しました。

今振り返ると、あの時の結婚は「談志を追い詰めていた」といってもいいでしょう。

今となっては勿論確かめようがないのですが、私たちが結婚した頃の師匠の胸の内を言語化するとこんな風になるはずです。

「わかった。では、渋々だが、結婚は認めてやろう。それは決して祝福ではない。勘違いするな。俺のルールを破ったにもかかわらずにここに居ようという魂胆なら、逆にいえば、それほどの覚悟があってのことと俺は見た。ならば、それほどの覚悟を見せてみろ」

要するに完全に師匠をしくじったのです。

二つ目昇進は、振り出しに戻りました。

（なお、師匠が最終的に結婚を認めてくれたのは、結婚式を兼ねて行った、二つ目昇進披露落語会の打ち上げの時のスピーチでした。「結婚したら別れるな。うちは離婚率は高いけどな」との言葉です。やはり「けじめ」をとても大切にしていました。）

二〇〇〇年の七月頃でしょうか。その頃は、もう前座の仕事はなく、ギャラは安いながらも完全に単独で落語の仕事をして日々を回していました。そして、都内での師匠の独演会の時と、一門の寄席などの時だけ、前座に早変わりして対応するような毎日でした。身分は相変わらず前座なので、真打ちや二つ目を呼ぶお金がないケースなどに依頼があり、共働きで暮らすには充分の稼ぎではありました。

師匠に会う機会があると、「お前は今のままだとずっと前座だからな」「あんな唄の歌い方していたら、認めない」などの嵐が吹き荒れます。しかも弟弟子たちの面前で。これは堪《こた》えました。

が、一方地方で独演会などを頼まれて私が一人で出向くと、「とても前座とは思えないねえ」などと褒められることもありました。要するに、師匠にさえ会わなければ、いっぱしの落語家として扱ってもらえるような感じでしょうか。やはり歪《いびつ》な期間でした。

そんなアンビバレンツな毎日の中、唄や踊りの稽古には通うのですが、よその一門で、私よりずっと遅くに入門したはずの落語家たちが二つ目に昇進し、マスコミに露出し、自分の会などを頻繁に企画しているような情報に接すると、とても耐えがたいような気持ちに襲われたものでした。羨望、それを感じる自分に対する嫌悪感、さらには師匠へのルサンチマン、などなど……。

そういった怨念は、健気にも俺をなんとかさせようと大変な仕事をし続ける、結婚したばかりのカミさんへも向けられてしまいました。

言ってはいけないセリフを言ってしまった

言ってはいけないセリフというものは、何気ない時に出てしまうものです。

暑い夏の夜のことでした。

疲れているのに、夕食を支度してくれていたカミさんに向かって思わずぼやきました。

「だいたい、結婚なんかまだ早かったんだよ。俺はそんなつもりじゃなかったのに」

言葉とは多くの場合感情の発露ですから、発信者サイドのもののように思いますが、その重みから判断すると、受信者サイドのものなのです。言ったほうはすぐ忘れますが、言われたほうは生涯思い出し続けるものです。つまり言葉は本来「贈り物」のはずなのです。

カミさんはがっかりしたように私を見つめました。

「それって、どういうこと。結婚したくなかったの」

「いや、そんなこと一言も言ってないよ。時期が早かったなって」

「そう言い出したらきりがないでしょ」

「だって、ほんと師匠、俺に対して厳しすぎるんだ。今のままだとずっと前座だって毎回会う度に言われる」

「それは結婚の時期とは関係ないじゃない！」

「いや、やっぱり時期だよ」

怒りの表情から悲しそうな顔色に変わっていました。

「今さらそんなこと言わないで。私だってもうそんなに若くない。ただでさえ、赤ちゃんが出来にくい体質なんだし」

涙をこぼしていました。

男として、言ってはいけないセリフだったのです。

カミさんは、子宮筋腫《しきゅうきんしゅ》の手術を経験していました。かなり大がかりだったのですが、名医に執刀してもらったこともあり、妊娠はしにくくなりましたが術後は順調な経過をたどり、体調を整えてゆけば大丈夫と言われていた身体でした。当時結構値段の張った漢方薬「婦宝当帰膠《ふほうとうきこう》」も清水《きよみず》の舞台から飛び降りるような気持ちで購入し、毎日服用していました。セリ科の植物を中心に抽出された漢方薬でしたが、血流が良くする効能はテキメンのようで、すこぶる健康体になってきていました。

いくら自分自身が追い詰められていたとしても、自分の最大の味方であるのがカミさんでした。そんな大事な人にそこまで言わせてしまった当時の私は、金銭的な意味ではなく精神的な意味で、「貧すれば鈍する」の見本でした。

しかし、カミさんは、やはり腹の座った女でした。無論そこに私も惚れたのですが、しばし沈黙のあと、

「怒らないで、聞いて」

カミさんは切り出しました。

一番ダメなところを追及される

「あなたは、真剣に二つ目になろうとしていない。だから結婚した時期にこだわっている」

完全図星でした。ゆえに完全否定しようとします。人間というものはつくづく面白いものです。

「そんなことはない！　師匠が認めてくれないだけだ」

「稽古、稽古って、稽古に溺れているだけじゃない」

「……。じゃあ俺はどうすればいいんだよ！」

目の前にあったコップを床に叩きつけました。あとにも先にもそんなことは一度のみです。

やはり気丈な女です。そうなることをまるで予期していたかのように、平然と散らばったガラスの破片を片付け始めました。

「こんな本気があるなら、談生さんに聞いてみたら」

意外でした。以前にも書きましたが談生はすぐ下の弟弟子で、要領もよく、入門してから三年足らずで前座をクリアした優秀な弟子でした。

「だって、一緒に会をやるぐらいに仲良かったんでしょ」

その通りでした。彼は早稲田大卒、私は慶応大卒ということもあり、彼の入門当初から馬が合い、一緒に大塚のスタジオを借りて、ネタを増やし合っていました。

「仲がいいから余計聞けねえよ!!」

「じゃあ、プライドを捨てちゃえば？」

いちいち痛いところを突いてくる女です。「そんな小さなプライドにこだわっているってことは、ほんとは、二つ目になりたくないんじゃないの？」

私自身が自他ともに自分のことを「わかりやすい、単純な男だ」と認めてはいますが、カミさんの言うことはいちいち正しいのです。考えてみたら、彼女はいわば運命共同体として私を選んでくれた人です。私が変わらなければ、私が昇進しなければ、彼女の未来も変えられません。彼女も必死に、私の一番ダメなところを追及してくるのは当然でした。まして、親元を離れ、九州から、親戚もいないこの川越の片田舎まで、私を追って。覚悟の程が私とは段違いでした。

一番大事なのは、何かを捨てること

プライドは、本当にめんどうくさいものです。それがないと、とても談志の弟子なんか務まりません。プライドがあったから、無責任な先輩などからの軋轢にも耐えられました。面と向かってバカにされながらもニコニコ受け流して耐えてこられたのも、「俺は誰がなんといっても談志の弟子だから」というプライドあればこそでした。

プライドは、そんな事情知らずの外野からの不条理な攻撃から身を守るバリアみたいなものでしょうか。ところがこれもホント考えもので、外部からは完全ガードをしてくれますが、内部からの成長に対しては障壁になり得ます。その当時の私にしてみれば、まさに後者でありました。「昔からのせこいプライドが邪魔になって、大きくなれていない、もっと大きくなれるはずなのに」と、一番近くにいたカミさんは痛切にまた歯がゆく感じていたのでしょう。

私の心の変化を悟ったカミさんは、あくまでも優しく、寄り添うようにこう言いました。

「案外、簡単に捨てられるものかもよ、プライドなんて。だってあなた落語家でしょ。師匠ももしかしたらそんなあなたを待っているはず」

徐々に私も考えが変わりつつありました。

「ありがとう、ごめんな大きな声出しちゃって。怖かったよね。うん、少し考えさせて」とだけ伝えて、自分の部屋に入ってゆきました。

「何かが足りないと、足りないものを身に付けようとするのではなくて、むしろ俺にとって今一番大事なのは、何かを捨てることではないか」

当時の日記にこう記されていました。

「談志の作った立川流において、前座の身分で結婚するというのは、掟《おきて》破りそのものだ。だからこそ師匠はそこに俺の覚悟を感じ、掟破りの厳しさをぶつけてきているのではないか」と。

それに応えるには、相当な覚悟で挑まないといけない。

とはいうものの、この世界は、先輩から稽古をつけてもらうしきたりからして、「弟弟子から教えを請う」というのは前代未聞の行為でもあります。

「どうせ、掟破りしちまったんだ。掟破りして生きていくか」

私は、弟子にアドバイスを請うという掟破りにも手を染めることになったのです。

立川流に同期という認識はない――立川流は個人契約

落語の世界では、一日でも、極端にいえば、一秒でも先に入門したならば、たとえ年齢が十歳以上下でも、兄弟子なのです。

特に立川流の場合、その関係は絶対的でした。落語協会や、落語芸術協会などの団体ですと、同時期に入門した場合「同期」という呼び方をします。入った順で兄弟子に対しては敬語を使いますが、「一緒に同じ時間と寄席という同じ空間を過ごす」という共通体験の積み重ねは強固なものになり、ベテランの真打ちになっても同時期に入門したメンバーで落語会を開いているような先輩方を見ていますと、それはそれは微笑ましく感じられるものです。

いつだったか談幸《だんこう》師匠が、立川流広小路寄席のトリを務めている時に、三遊亭歌之介師匠(現・四代目三遊亭圓歌《えんか》)がぷらっと遊びにきて楽屋でくだらない話をしているのを見て、心底いいなあと思ったものでした。年齢では五つ以上違う二人でしたが、やはり「同じ釜の飯を食べた」というのでしょうか、ともに前座期間を過ごした同志みたいなつながりを感じました。

「同期っていいなあ」と。

かような同期という横のつながりは、落語協会や落語芸術協会が組織として機能している証左かもしれません。落語界自体は完全なるタテ社会ですが、前座時代はそういうヨコのつながりで、楽屋での先輩に対する軋轢や気遣いを分散する装置として機能するのでしょう。

しかし、極論すれば、立川流には「同期」という認識はありません。少なくとも私が前座だった当時はありませんでした。談志の孫弟子たちのほうが増え、総勢で六〇名以上という大所帯になった現在の立川流では、前座さん同士の「同期意識」はあるかもしれませんが、今から二十年以上前にはそんな感覚は皆無でした。つまり、落語協会などの前座さんが「線状態」での修業ならば、立川流はそれぞれが「談志の弟子」という「点状態」での修業を送っていたと考えれば、わかりやすいかと思います。

これはどちらが辛いか楽かという優劣ではありません。談志というたった一人の天才のみに気を使えばいいことと、数軒ある寄席を走り回って多数の落語家に気を使わなければいけないこととの違いです。質的苦悩と量的苦悩の違いみたいな感じでしょうか。談志が当時

「個々の軋轢は個々で解決してゆけ」と口癖のように言っていたことと符合します。

そう。立川流は個なのです。

談志は、前座のうちからそれを認識させようとしていたのでしょう。個であるがゆえ、同期のような連帯関係は前座の間ではありません。誰もが談志をコアに置き、談志との個の関係で放射状の師弟関係を結んでいるのが立川流なのです。

これをよりドライに捉えてみると、他団体の場合は、前座として入門するというのはあくまでも「組織の末端の一員としての加入」であるのに対し、立川流は、前座とはいえ談志個人とのいわば「個人同士の契約」といえばわかりやすいはずです。だからこそ他団体の場合は、基本昇進は足並みそろえて年功序列型になるのに対し、立川流は年功や序列は関係なく、談志一人が認めさえすれば、年功や序列は無関係なのです。かような立川流の特殊性をいち早く察知していたのが、入門わずか七年で真打ちに昇進した志の輔師匠であり、そして、今回取り上げさせてもらう弟弟子の談生でした。

同期意識が発生せず、「タテ」の関係しかないような状態では、「弟弟子に指示を仰ぐ」というような考え方も絶対に生まれません。それは自ら弟弟子の地位にまで成り下がるような意味合いすらあります。そんな感覚で前座修業を務めてきました。が、談生は、以前こちらにも書きましたが、入門三年で二つ目に昇進し、私が結婚して師匠を完全にしくじったあの二〇〇〇年の夏の時点で、二つ目四年目という充実していた時期を迎えていました（私にはそう見えました）。本名の小田桐という名前で、フジテレビの「とくダネ！」のレポーターとしても活躍していました。

彼とは、前座の頃から、大塚の貸スタジオで一緒に勉強会などをしていたこともあり、彼の活躍ぶりには不思議とやっかみなどは感じていませんでした。普通は同期の落語家がマスコミなどで売れ始めると妬《ねた》みなどを持つものらしいのですが、私にはなぜかそんな意識は、少なくとも彼に関しては今に至るまでまったく感じていません。逆にいえば、そんな私のセンシティブな心情を知っているからこその、「談生さんに聞いてみたら」というカミさんからの言葉だったともいえます。

「何がいけないのかな」と談生に聞くと

深呼吸をし、手を合わせながら、かけ慣れたはずの談生の携帯に、覚悟を持って電話してみました。

「兄さん、どうしました」

「実はさ、すげえ言いにくいし、君も兄弟子に向かっては言いにくいはずのことなんだけどね」

「はい、どうぞ」

勘の鋭い彼は、鷹揚《おうよう》な声で答えました。じっと受け入れてくれるような雰囲気を明らかに携帯の向こうからも出していました。

「俺さ、ほんと師匠の基準を突破しようと、必死にやってんだけどさ」

「わかりますよ、傍《はた》で見ていても伝わってきます」

「言われた通りの唄も覚えたし、踊りもやってる。何がいけないのかな」

「……」

「な、兄弟子に向かって言いにくいけども、教えてくれないかな」

率直に伝えました。兄弟子というプライドを捨てて、もがきながら言葉を紡《つむ》ぎ出している姿勢に気づいたのでしょうか、彼も真摯《しんし》に向き合い、言葉を選びながら語り始めました。

「兄さん、真面目すぎですから、気を悪くしないで聞いて下さいね」

「うん、頼む」

「踊りはそのままでいいと思います。師匠は褒めていますよ」

さすが、学習塾の講師をやっていただけあって、伝え方の絶妙な男でした。こちらを一応三年先輩だということでの敬意を表してくれると悪い気はしません。言われながら「ああ、彼には二つ目昇進を抜かれても仕方ないな」とすら感じたものです。

が、次のセリフは一転して、彼も覚悟を決めたような響きになりました。

「僕は、ずばり発声だと思います」

図星でした。

一番言われたくはない指摘でもありました。ずっと談志の落語を手本にし、談志のようなリズムとテンポで稽古を重ねてきたつもりでした。が、師匠には、「お前、俺のモノマネか」みたいな風に言われたこともありました。元来、走り出したら止まらないタイプです。師匠にそう言われても、自らの頑さを保持したまんまだったのです。

要するに、落語にしろ、自分の声質を完全に度外視して、無理やりお手本に合わせることこそが稽古なのだという考え方に固執《こしつ》しすぎていたのです。わかりやすくいえば、「大谷の投げ方を完全にコピーさえすれば一六〇キロの球を投げられると盲信している高校球児」みたいな感じだったのです。談志のあの落語は、自身の声質を本人自らが悟って、それを活かすようにして地獄の修練の果てにゲットした魂のご褒美なのです。それを入門十年も経っていないような新入りが、促成栽培のごとく身に付けようというのは土台無理な話です。足しげく通っていた小唄の稽古にしても、あれは小唄の先生の声質という前提条件から構築していった歌い方なのです。

つまり、自分の持っている声のトーンを消して、絞るような声で落語も唄も「似せようと出していた」ところの違和感こそが、私の欠点だったのです。もっとわかりやすくいえば、談志も小唄の先生も、お手本に合わせて「最初から似せようとして出している声」ではありません。そうではなく、「自分の音域に合わせた結果として、最後にお手本に似るような声」だったのです。談生はその声を目指せと言うのです。

なぜ談志は私に問題点を伝えなかったのか

とはいえ、弟弟子からそんなツッコミを受けるというのは、やはりショックでした。プライドはズタズタです。

「兄さん、ほんと生意気言っているようですが、そんな兄さんの姿を師匠は絶対望んでいるはずです」

「いや、ありがとう」

めんどうくさいことに真摯に向き合ってくれた彼の姿勢、そしてせこいとはいえ俺を守って来てくれたプライド、それでもカミさんを養うために必死に前座から脱却しようとしている涙ぐましい自分などなど、複雑な思いが去来してきて、涙がこぼれそうになりました。

「何かあったらまたいつでも」

「ほんと助かった」

精一杯の強がりとやせ我慢で電話を切りました。

ほんと談生くんは、こうしてあの頃の思い出をプレイバックしながら書いていても、改めて親切な男だと確信しています。

ところで、「声が問題になるのなら、なぜ談志はそのことを談慶に伝えなかったのか」と疑問に思う方もいらっしゃるかもしれません。

これは、「卵の殻はひよこが破るもので、親鳥が向こう側から割ろうとしない」ということなのではと、今しみじみ考えています。俺が指摘して直すものではない、お前が気づけ、それがゆくゆくはお前の財産になるんだという声が聞こえてきそうです。「俺という存在は難解な書物なんだ。あとからわかるんだ、すべては」とあの世できっと言っています。今となっては、長い前座修業が経験できたのはとてもよかったことだと心から確信しています。

二つ目昇進トライアルの際に、師匠が「あそこでお前を二つ目にしなかったところに、俺の凄さがあるんだ」と言いましたが、その「凄さ」とはこのことを指しているのかもしれません。情実に流されず、自分でもがいて問題点に気づくことを待つ。そんなことを実際にやってのける〝師〟は、落語界全体を見渡しても稀《まれ》な存在でしょう。

すべては彼女の思うつぼ

彼との十数分の電話の後、自室から居間に戻ってくると、

「どうだった？」

「やっぱり、あいつは親切だよ、いろいろ教えてもらった」

私の目の縁に光るものがあった、というと格好が良すぎかもしれませんが、プライドとの葛藤の残骸のような涙に気づいたのでしょう、カミさんも普段より優しく聞いてきました。

「俺の声の出し方を指摘してもらった。正直、辛いよな、弟子にまでそんなこと言われちゃうなんて、な」

「でも、あなたが聞いたことなんだし。談生さん、ほんと偉いと思うな。私も言いにくかったけど、私が言っていたらあなたは絶対反発して聞く耳を持たなかった。仲良しの談生さんだからこそよ」

すべて彼女の思うつぼでありました。

「じゃあ、カラオケに行こう」

「気晴らしか」

「ばか。早速あなたの歌い方、チェックする」

「おいおい、談生はプロの落語家だよ、君なんかと違う」

少しムッとして答えると、

「あれ、言っていなかったっけ？　私も小学校の先生の免許持っているの。音楽の授業だってやろうと思えば出来るのよ。古い唄、練習しよう」

すべて彼女の手のひらで転がされているかのようでした。

さすが、大したタマです。確かに彼女に声の出し方、唄の歌い方などを直接指導されていたら、私は反発していたはずです。身内からの欠点指摘は怒りが伴うのは目に見えていて、折角結婚生活をスタートさせたばかりの夫婦関係にヒビが入ってしまう可能性すらあります。そこで、私のプライドはズタズタになるにせよ、弟弟子の談生君からのアドバイスなら聞いてくれるだろうという、すべて彼女の戦略だったのです。

近くのカラオケボックスに向かいました。

「さのさ」「明治一代女」「槍さび」などなど、談志好みの唄の数々がラインナップに入っていました。中でもとりわけ談志が大好きな音丸《おとまる》の唄も多数ありました。「男なら」「船頭可愛や」「満州想えば」などなど、談志が銭湯に行った時に鼻歌交じりに歌う曲ばかりでした。

試しに「明治一代女」を歌ってみると、いきなり、

「ほら、そこそこ！　高い音域を無理に出そうとしてる」

「もっと自分の声のトーンで歌ってみたら」

「うまく歌おうなんてしなくていいはず。談志師匠はそんなことあなたには絶対求めていない」

「似せなくてもいい」

談生の指摘という「お墨付き」を得たような格好で、さらに厳しくなったように彼女の意見が飛び交います。恥も外聞もプライドももう何もありません。気合いとガッツだけで向き合うしかないのです。

家に帰れば、お手本の唄をテープで聞き込みます。あくまでも自分の声のトーンで歌うように練習します。

浅草の宮田レコードという、古い演歌を中心に置いてあるお店にもよく通い、音丸、新橋《しんばし》喜代三《きよぞう》の音源を購入したりもしました。

「とにかく、喉《のど》を絞るような歌い方をやめる」

だんだん、コツがわかってきましたが、「まだもう一歩感」がぬぐえない日々が続きました。

師匠がなぜ自分を二つ目にしないのかがわかった

「じゃあ、ジュリさんに聞いてみたら」

パフォーマンス集団「ザ・コンボイ」のジュリこと瀬下尚人《せしもなおと》さんとは、同郷同年生まれということもあり、仲良くさせていただいていました。「だって、コンボイって、歌も踊りも、芝居もあるんでしょ。談志師匠の求めているものと同じような気がする。洋の東西の違いはあるだろうけど」

一度プライドを捨て去ってしまうとあとは楽なものです。ジュリさんに打ち明けると、

「じゃあ、今通っているボイストレーナーの先生を紹介するよ」との二つ返事。マンツーマントレーニングゆえに結構高価でしたが、カミさんがここでも全額払ってくれることになりました。

「喉を絞って無理やり高い音域を出そうとしている」という欠点を直すのは、やはり一対一でないと出来ない指導です。自分の欠点を専門家にさらすのはお金のこともあり、気が引けましたが、その先生はさすがはプロ、一発で私のダメだったところをエグってきました。

「談志師匠の言っている昇進基準の詳細はわからないけど、言っていることはとても正論。洋の東西を問わず、耳に気持ち良い歌い方は万国共通」「声帯の周囲の筋肉をほぐすように、喉に負担を与えないしっかりした発声が出来れば、マイクなしでも大会場で歌えるのよ」との先生の言葉は説得力にみなぎっていました。

週に二、三回、二か月ぐらい通っているうちに、悔しいけれど、「師匠がなぜ自分を二つ目にしないのか」「談生を先に二つ目にしたのか」という問いの答えが、浮かび上がってくるような気持ちになりました。

やはり、さすがは師匠です。遅まきながら、師匠の指導の正しさ、その合理性にやっと気づき始めました。遮二無二ガッツ丸出しで取り組むだけではなく、きちんと結果を出す姿勢を私に望んでいたのかもしれません。

「どうにもならない閉ざされた現実の根本原因は、自分のプライドにあるのかもしれない」そんな気づきを得ることが出来たのは、あの夏の日のおかげかもしれません。「弟弟子の世話になんかなるもんか」などとせこいプライドに拘泥したままだったら、二つ目になるのがもっと遅れ、そして大げさでもなんでもなくカミさんとの破局を迎えていたのかもしれません。

第八話

師匠こそ、ハートウォーマー

「師匠、歌と講釈を見ていただきたいのですが？」

その後、立川流を揺るがす「石原都知事主催の小唄の会未参加問題」（談志が懇意にしていた石原都知事［当時］主催の「小唄の会」に、前座からは談吉［現・二代目立川小談志］しか参加せず、談吉以外の前座全員がクビを言い渡された事件。必死に謝罪した結果、クビは免れ、月一万円の上納金の倍化、三万円持参の沙汰が下る）と、「上納金未納問題」（前座全員に、上納金の未納分があることが発覚し、談志が激怒。未納分の三倍を払うよう命じられる。私はカミさんの助けを得てなんとか払えましたが、お金を工面できずに破門になった弟子もいました）が立て続けに起こります。

私が未納金の三倍の額の上納金を払い終えて、なんとか嵐をやり過ごしたあとのある日、練馬から大量の食材をワゴンに積み込み、同じく未納分を払い終えた志加吾の運転で、根津のマンションに向かっていた時のことです。

台風一過の青天を思わせるような師匠の機嫌の良さを感じました。

「お前、わかってるな?」

長年前座をやっていると、この端的な言葉が何を指すか即座にわかります。

「お前、二つ目昇進のためにやらなきゃいけないことは、わかってるな」であり、「お前は、一生懸命やっているけれども、何が昇進基準に足りないか、わかってるな」、「お前を二つ目にしない俺の理由、わかってるな」の三つでした。

その言い方、そして言外に、優しさを見て取った私は、なぜか「二つ目昇進のアピールをするのは今しかない」との思いに駆られ、

「師匠、歌と講釈とを見ていただきたいのですが?」

今振り返っても、かなり勇気ある発言だったと思いますが、思い切ってぶつけてみました。

「やってみな」

この言葉にも、「おう、そう来たか」という言葉の意味が含まれていました。

講釈は、師匠の口演テープで覚えた「三方が原軍記」でした。もうほとんど完全コピーで挑みました。師匠はルームミラー越しに志加吾の強張《こわば》った表情を見ると、

「お前は運転に集中しろ」と、さすが四方八方に気を配る達人的差配を見せました。何度も稽古をした「紋尽し」の箇所を語り終えると、

「ほう、以前よりはリズムとトーンは良くなってきている」

大絶賛というレベルではありませんでしたが、好感触を与えたようです。

「歌は？」

（おっしゃあ、講釈は合格だ）と勝手に脳内で前向きに解釈し、歌に移ります。

「『満州想えば』、歌います」

「お」

師匠の口元が一瞬緩んだような気がしました。ここで師匠の好きな歌をセレクトするセンスも弟子たちには問われます。

「満州想えば」の歌手、音丸の歌い方は、時代的にも現代歌謡と古典歌謡の接点でもありました。そこから落語の中に出てくる小唄や端唄へのアプローチにつながるという意味では音丸こそ「江戸の風」だったのではと思います。

「歌う前に、聞くこと」をとことん取り組んだ私は、発声の先生から口を酸っぱくして言われ続けていた「喉を絞らない歌い方」を心がけました。

師匠からしてみれば、「自分の好きな歌手の唄」そのものです。サザンが大好きな上司が、部下の下手くそな桑田佳祐《くわたけいすけ》のモノマネを聞かされたら不快でしかありません。それと同じです。

「うーん」と腕組みをしたまま、「以前よりは良くなってきてはいるんだがな、もっと俺の首を縦に振らせてみろ」

それまでの私ならば、「では、もう一度勉強してまいります」などと、その時点の判断だけでお茶を濁したかもしれません。だが、もはやもう師匠に向かって行こうという闘志のほうが先走っていました。

「……続けます」

「おう、続けてみろ」

「その言葉を待っていたぞ」という風に拡大解釈をし、歌い続けました。「梅にも春」「深川」「かっぽれ」「木遣《きや》りくずし」「東雲節《しののめぶし》」「とっちりとん」「かんちろりん」「よいじゃないか」「ぎっちょんちょん」「推量節」「法界節」「奈良丸くずし」「鴨緑江節《おうりょくこうぶし》」「品川甚句」「ラッパ節」「どんどん節」「まっくろけ節」「パイノパイノパイ」「ゴールド節」「きんらい節」「間違えば節」「復興節」「むらさき節」などなど、小唄端唄を中心にテープで覚えた三〇曲以上の唄を歌いました。

後部座席でのカラオケボックス的展開に、志加吾は驚いたままハンドルを握り続けました。

こうなったら自棄だ

「努力の嫌いな俺でも、認めてあげたいと思う。お前の努力を認めたい俺がいる。ただそこまでいけるなら、もっとまだいけるだろうと思えちまう。複雑なんだ」

師匠は、呆れ返りながらそう言いました。情実や相手の人柄や姿勢などに左右される「日本教」と、現実・結果のみで判断し、刑（罰）と徳（恩賞）で組織を管理しようとするいわば『韓非子《かんぴし》』的思考の間に、私が追い込んでしまったのでしょう。

「では、師匠、『唄入り観音経』、聞いて下さい」

もうこうなったら、こちらも自棄でした。隠し球としていつか披露しようと思ってひそかに稽古していた三門博《みかどひろし》先生の浪曲でした。逆にいえば、浪曲を学んでいる若手が、その師匠に、「談志の『芝浜』をやります！」と一席披露しようとするような無謀な試みです。

（アステアの「ステッピン・アウト・ウィズ・マイ・ベイビー」で、お前、もう懲《こ》りたんじゃないのか⁉）

もう一人の自分が止めにかかりますが、もうそんなこと知ったことではありません。

（いいよ、もうこれで前座を突破できないのならば、一生前座でもいい。二つ目になるのに二十年かかってもいい！）

そんな気持ちと裏腹にちらっと師匠を見やると、威厳を保ちながら、相好《そうごう》を崩していました。失笑レベルだったのかもしれませんが（笑）。

「それか。それはな、こうやるんだ」

なんと師匠が、見本を見せてくれたのです。それは、もし浪曲の世界に行っていたとしたら、明らかにそこでも名を成すような人の歌い方そのものでした。

芸の厚み。やはり天才です。

とはいえ。

六十代半ば、体力の衰えの激しかったはずの師匠に、下手くそな唄を聞かせてしまい、明らかに疲れさせてしまった私でした。

「お前、歌舞音曲、好きになってきたか？」

「はい」

「だろうな、見りゃわかる。それがわかってきたならいい。さすがに今日はもう勘弁してくれ。いいか、俺ががんになったらお前のせいだからな」

最後は、にっこり笑った師匠でした。

それは、やっと、やっと、二つ目への道筋が見えてきた瞬間でもありました。

師匠の元に足しげく通う

「あとは、タイミングだけだな」

立川流日暮里寄席という一門の月例会があります。その当時は打ち上げはというと近所の「酔の助」という居酒屋でした。その席で談四楼師匠にそう言われました。

「災い転じて福となす、だな。師匠とみっちり向き合えてよかったじゃないか」

さすが長年師匠と付き合ってきた人の言葉でした。

前座は、師匠の身の回りの用事、そして、落語会での労働力提供だけが仕事ではありませんでした。師匠自身はその頃、六十歳を超え、酒の付き合いなども入門当時から比べるとだいぶ減っては来ていましたが、一門の高弟たる落語協会時代から前座修業を送ってきた諸先輩方などは、まだまだ五十歳前後の壮年期、酒が入ると朝までコースという血気盛んな方々がたくさんいました。

寄席や独演会などでの気遣いは、ある程度慣れてくるものですが、当時は打ち上げでの気働きのほうが前座としては正直大変でした。居酒屋でも、先輩方のお酒がなくなったら、タイミングよく注文したり、つまみを小皿に取り分けたりと、ずっと神経を集中させなくてはいけません。そしてお酒が入ると人はとかく細かくなるものです。かつての自分のしくじりなどが話題となり、再びネチネチと責められたりしたこともあります。まして、当時の私は酒も弱く、小言を聞いているうちに寝入ってしまったこともありました。これは大しくじりです。そんな失態に対してさらに怒りが増幅し、小言でつるし上げを食らうのはいつものことでありました。

いやはや前座というのは、デスマッチです。こういう仕打ちで鍛えられてゆくのでしょう。泣きたくなったのは一度や二度ではありませんでした。

そんな先輩方でしたが、さすがに二つ目になれないで、もがき続ける時期が長くなると、穏やかに受け止めてくれるような感じでもありました。小間使い的な仕事は、入りたての比較的若い前座さんたちがその任務を請け負うようになったからでしょうが、「あんちゃん、大変だろうけど、がんばんな」などと励ましの声をかけてくれるような雰囲気にすらなっていました。前座という身分ではありましたが、「二つ目予備軍」、いや同志的な見方をしてもらえたのでしょう。

勿論、こちらも甘えている場合ではありません。とにかく一番下の前座さんから、師匠のスケジュールを聞き、オフの場合は足しげく師匠の元へと通う日々を送ろうと決意したものです。

どの兄弟子にも悩みを打ち明けても、「うちの師匠は押しに弱いから、とことん通いな」とのことでした。

日記を読み返すと、週に二、三回通っていたことすらありました。

今考えてもそれはまるで嫌がらせです。たまに訪れる、心身休養のために設けたはずのオフの日に、それを狙ってセンスのない弟子が下手くそな歌舞音曲を見せにくるのですから。邪魔でしかありません。

最初は、来る姿勢だけでも評価してくれました。こちらもそれが当然と甘えていたのかもしれません。唄の唄い方を訂正されると、「では、また来週お伺いします」と師匠が見てくれるのが当然だというような感じで言ってしまいました。それじゃまるで歯医者の治療みたいなものです。

「あのな」

それまで比較的穏やかだった師匠の顔色ががらりと変わりました。

「そんな短期間で改善すると思っているのか？」

ハッとなりました。

「俺のところに来るだけで満足してるんだろ。俺が見てやるのが当たり前だと思っているんだろ」

「申し訳ありません」

「ここまで言ってわからないなら、お前のセンスがないってことだ。もうお前は来なくていい。消えてくれ」

この「消えてくれ」とは、ただ単に「もう疲れたから、早く帰ってくれ」という意味で、よく言われ続けた言葉で気に留める必要もないのですが、その日はさすがにグサッと刺さったまま家に戻ることになりました。

来るなと言われたのなら、行かなければいい

二つ目昇進は自分にとってどこまで遠いのでしょうか。何度も何度も手中に収めたと思ったら、そのたびにするりと逃げられ、永久につかめないまま終わるのではないか。

「俺のセンスがないなんて、そんなの今初めてわかったことじゃないのに……」

とことん落ち込みました。

「俺、もうダメだよ。師匠にこんなこと言われちまったよ」

「何があったの？」

「もう来なくていいって」

帰宅後、カミさんに今日の顚末《てんまつ》を伝えました。言う相手がいないとはいえ、毎回こんな愚痴を聞かされ続けているカミさんが不憫《ふびん》にすら思えてきました。「こいつも一生、前座の妻なのか。俺の道連れか」とあまりの自分の不甲斐なさで自暴自棄になっていましたが。

カミさんはあっさりこう言いました。

「来なくていいって、言われたなら、行かなきゃいいじゃない」

「はあ？」

私はカミさんのあまりの想定外の反応に腰が砕けそうになりました。

「俺、拒否られてるんだぜ」

「そんなの今に始まったことじゃないでしょ？　あなたって、入門以来ずっと拒否られてきたんじゃないの？」

「そんなことない、あなたは好かれている。いじけないで頑張って」みたいな返答を期待していた自分がなんだかバカに思えてすらきました。

「あなたは一生懸命になると、周りが見えなくなるタイプ」

いちいち図星でした。ドローンのように（当時はまだありませんでしたが）私という人間を俯瞰で眺める装置こそがカミさんでもありました。

「わかってるよ、そんなこと、今さら言うこともないだろ」

「だったら、額面通りに受け止めて、行かなきゃいいだけじゃない。違うかしら？　きっと師匠のことだから、向こうから来いって言う日がくるはずよ。談四楼師匠にも、あとはタイミングだけだって言われているんでしょ？」

この目の前の女は、私のみならずいつの間にか師匠の性格まで分析していました。確かに厳しく、辛く当たった翌日はその反動で優しくなるのが、師匠の弱さでもそして良さでもありました。談志の芸に惚れすぎて入門した自分には、見えていない（いや、見ようとしない）師匠の裏の姿をカミさんははっきりと嗅ぎ取っているかのような口ぶりでした。

「そうだよな。こうなりゃ根競《こんくら》べだな。どっちみち最初から使えない前座だって言われ続けて九年も経っちまったんだもんな」

自虐的に笑うと、彼女も一緒になって微笑みました。

その足でまた二人、近所のカラオケボックスへと繰り出しました。そしてまた再び歌のチェックをカミさんから受けて、自宅に戻ると、師匠の大好きな音源をただひたすらに聞き込みました。

「呼ばれるまでは、行かない。その間稽古に充《あ》てる」

「そうそう」

いいカミさんを持ったなあとしみじみ思いました。この円満は談志という災難のおかげかもしれないなと、苦笑いするしかありませんでした。

そして二週間ほど経った頃、師匠から留守番電話が入っていました。

「うー、俺だ。断っておくが、俺はお前を拒否しているわけじゃないんだ。勘違いすんな。ま、やらなきゃいけないことは、わかってるな。稽古は続けろ。それだけだ」

師匠の繊細さ

数日間、顔を出さないでいたら、本当に師匠から留守番電話が入っていました。

談志にまつわる誤解の一つが、毒舌タレントとしてメジャーにまで上り詰めたあのキャラクターから生まれる、豪放磊落《ごうほうらいらく》でおおらかな人だという先入観です。志らく兄さんのギャグに、「うちの師匠に師匠がいたこと自体が信じられない。いたとしたら、小さん師匠というよりは、赤尾敏《あかおびん》だ」という傑作なのがありますが、実際はそのイメージとは真逆で、とても繊細なガラスのハートの持ち主でした。いや、いい芸人は皆とても実はナーバスです。おしなべて男性的というよりは、とても女性的です。

芸術というものは、ガラス細工のような緻密さを問われるもので、創る側もガラスのようなハートの持ち主でないといけないのかもしれません。

一方で談志は、「らくだ」のような豪胆さが身上の芸もこなしていました。男性的迫力も、女性的な魅力も併せ持つという両性具有が談志の凄さだったので、その振幅に戸惑うところから修業は始まりました。

ウチのカミさんは、そういうところはまったく知らずに気丈にも談志に直に面会に行ってしまったり、直筆の手紙を出したりしたところが、かえって気に入られることになりました。そんなことは怖くて絶対できない私には、彼女は「猛獣使い」にしか見えませんでした。

はからずもその猛獣使いの予言がピタリと当たりました。

今考えると、「低レベルな謹慎」だったのでしょう。それをクリアした格好となり、復帰を許されたのでした。

暑かった夏もいつの間にか過ぎ去り、季節は一気に秋めいてきていました。

いつ師匠から呼び出しがかかってもいいように、唄、踊り、講釈をぬかりなくさらい、来るべきその時に向けて待つような日々でした。

その日は、突然やって来ました。

「そんなに私が悪いのか⁉」

タップダンサーの平田さんにレッスンをお願いし、西馬込の貸しスタジオに向かう途中に、弟弟子の談号から携帯に電話が入りました。

「兄さん、今日、師匠には誰も付いていません」

彼のナイスアシストでした。「師匠に付く前座がいない時には、一報寄越してくれ。その時は俺が行く」と前から頼んでおいたのでした。その日師匠は、打ち合わせのあと、当時レギュラー出演していたテレビ朝日の討論番組「そんなに私が悪いのか⁉」の収録というスケジュールでした。いまその番組についてウィキペディアで調べてみると、第一回放送が、二〇〇〇年十月十六日とのことで、まだ番組が始まったばかりの頃だったようです。師匠も評価し続けていた古舘伊知郎《ふるたちいちろう》さんの司会ということもあり、珍しくレギュラー出演依頼を受けたのでしょう。収録現場となる世田谷のスタジオに先乗りして師匠を迎えることにしました。

世田谷のスタジオで、一足早く楽屋入りし、お茶やおしぼりなどを確認し、師匠の控室を整え、正面玄関にて待つことにしました。

「前座九年半もやるなんて、いや、やらせるなんて、そんなに私が悪いのか⁉」と自嘲気味につぶやいたことを今でもはっきり思い出します。やがていつものように、長男であるマネージャーの慎太郎さんと一緒に、局の手配したタクシーで、師匠はかなり遅れ気味にやってきました。

タクシーから降りるや否や、私に向かって、

「お前、今日は空いてるのか?」

「はい。一日空いています」

「ずっと俺に付いていろ」

いつも端的な言葉しか吐かない師匠の元に、到着を確認して安堵の表情を浮かべているスタッフが、「大丈夫でしたか?」と、遅れてきたことを単純に心配する言葉を投げかけました。

「いや、心配ない。ここに来る前が楽しかっただけだ」とおなじみの師匠一流の言い回し。

遅刻の理由をその一言だけで済ませてしまうなんて、あとにも先にも、師匠だけでした。

「談志師匠、入りました！」

フロア全体がその一言を待っていたかのように、安堵感がみなぎりました。やはり天才です。居並ぶ一流タレントさんたちをも納得させてしまうのですから。

「談志師匠だけですね、来るだけで人を喜ばせる芸を持っているのは」

さすが古舘さんです。師匠も勿論、周囲もその一言で和ませてしまいました。


「教えてくれた奴のダメさ加減に気づけ」


「慎ちゃん、根津に戻ろう。お前も一緒に来い」

番組終了後、番組関係者の見送りを受けながら、私も師匠と共にタクシーに乗り込みました。

慎太郎さんと師匠が後部座席、私が補助席でした。

タクシーが走り出した途端のことでした。

「歌ってみろ」

待っていましたとばかりに、「はい」と答える私でした。慎太郎さんは、ビデオカメラを回し始めました。これは面白いドキュメンタリーだなとなぜか他人事みたいに思ったものでした。

運転士さんは、何が起こったのかと驚きを隠せないままハンドルを握ります。

今まで師匠に披露してこなかった「大津絵」を歌いました。

「♪両国の～夕涼み～軒を並べし～茶屋の数」

いつもより長く聞いてもらうことが出来ました。ダメなときは二十秒で中断させられてしまいます。

一節、歌い終えると、「いい！」との声がかかりました。

「わかるか、そこだ！ 歌い方なんだ。お前が今までダメだったのは、声の出し方なんだ。絞っちゃいけねえんだ、わかるな？『野ざらし』のサイサイ節なんだ」

「では、サイサイ節を歌います」

「お！」

サプライズでした。若かりし頃師匠が一世を風靡したネタ「野ざらし」の中で歌われる歌でした。「♪カネがぼんとナリャさあ　上げ潮南さ～カラスがパッと出りゃこりゃさのさコツがあるさーいさい」

まさか師匠の十八番のネタをそこでやるとは思ってもみませんでした。

長州力《ちょうしゅうりき》の得意技「サソリ固め」を藤波辰巳《ふじなみたつみ》が逆に長州に仕掛けるような「掟破り」でしたが、師匠はそう来るのを待っていたかのように相好を崩し始めました。

「お前が今までダメだったのは、教えてくれた奴の言うことをそのまんま聞いて来たからだ。いいか、よく覚えておけ。俺がここまで来られたのはな、教えてくれた奴のダメさ加減に気づいたからだ」

思わず笑ってしまうと、釣られて運転士さんも笑ってしまっていました。

「講釈は？」「では、『三方が原』を」

これも若かりし頃の師匠のまんまコピー状態を語りました。

「よし、唄、講釈は合格だ。根津についたら、踊りを見てやる」

根津のマンションに近づくまでのタクシーの振動は、明らかに前座突破を約束するかのような響きにも感じました。胸の高鳴りと自然と共鳴してゆきます。

根津の自宅マンションに到着すると、そそくさと着替えを済ませた師匠は、

「いいもの見せてくれよな」と、一本煙草に火を付けます。

踊りに関してはかなりの自信を持っていました。

毎週、腐らずに「かっぽれ」の道場には通い詰めていました。基本五曲とされている「伊勢音頭」「深川」「奴さん」「大津絵」「かっぽれ」はほぼ完璧に踊りこなせていました。

私は赤い襷《たすき》と豆絞りの手拭いを普段着の上に装着し、「大津絵」を踊ることにしました。

「大津絵、踊ります」

「どもりの又平～描いたる絵紙に　性根が入って　みな抜け出でた～」

伴奏するテープなんざありません。アカペラで歌い出すと、まるで子どものように、師匠が追っかけ唄を歌い始めました。

歌舞伎でも有名な通称「ども又」が描いた大津絵から、いろんなキャラクターが抜け出すという踊りです。

師匠の先導する歌に合わせるかのように、私は踊りに熱中しました。

（ああ、この人は本当に寄席が、そして寄席の踊りが好きだったんだなあ）

（目の前のこの人を喜ばせることだけを考えてここまで来たんだよなあ）

「いいぞ、その歌い方！　鼻歌でいいんだ」

自分の人生をめちゃくちゃにした人が、そこにいました。

この人に出会わなければ、もっと俺はおとなしい普通の人生を歩んでいたはずでした。

この人を振り向かせようと無骨《ぶこつ》に九年半、歩んできました。


いろんな思いが去来してきました。

「立川ワコール」と名付けられた夜。

しくじって怒られて泣きながら帰った日。

大学の先輩に「いつまで前座やってるんだ」とバカにされた夜。

前の彼女を亡くしたと知った朝。


いろんな思い意を胸に秘め、最後の「釣鐘弁慶」を踊り終えると、「よくやった、二つ目合格だ」との言葉をもらいました。

「ありがとうございます」

「いいか、やめるなよ」

「はい！」

この「やめるな」は無論歌舞音曲のことを指していました。

「長かったな。カミさんと両親にすぐ電話してやれ」

師匠に気づかれないように、声を殺して泣きました。

師匠のさりげなく私の周囲へ見せた気遣い、こんなに長いことかかってしまった申し訳なさ、やっと前座修業が終わったという達成感、そして「やめるなよ」の言葉から感じる重さを胸に抱きながら、師匠宅をあとにしました。

師匠の指示通り、カミさん、長野にいる両親と電話を入れました。泣きながら二か所に電話したのは生まれて初めてのことでした。


帰宅する川越までの道すがら、しみじみ感じました。

今まで自分の夢を阻《はば》もうとしていた、心を折ろうとする最大の「ハートクラッシャー」は師匠だとばかり思っていました。何をやっても認めてくれない最大の障害なんだ、と。

誤解していたのです。

自分の夢を育てようと、心を温かくしてくれた「ハートウォーマー」こそ師匠だったのでした。


入門九年半。やっと二つ目になれました。

改名の日

合格を勝ち取ってから、数日後。改名の日は突然やってきました。

「立川談慶って、どうだ？　いいだろ？」

雑誌の取材で師匠に同行した際にいきなり命名されました。

「せっかくお前も苦労して一応慶應まで出たことだし、『慶び』を『談じる』というのも縁起がいいだろ」

師匠は一人自画自賛していました。

「発音は、あれだな、産経新聞の産経と同じほうが収まりもいいだろ」とアクセントの指定までご丁寧にしてくれました。「だんけい」は、「だ」ではなく、「け」のほうにアクセントがくる形です。

「慶應つながりで、かわいがってもらえ」

立川談慶。あれほど欲しかった「談」の字もしっかり入っている。本当に名実ともにやっと談志の弟子になれたんだと、小躍りしたいほどの喜びが身体中にあふれ出しました。

二つ目の内定をもらった日より、正直その命名の瞬間のほうが嬉しかったはずです。だって、名前を変えていいということはこれで正真正銘、二つ目になることが確約されたのですから。

それは師匠の立場からすれば、とんでもなく不器用な弟子でも、昇進基準を変えずに昇進させることが出来た、ということになります。九年半の育成が、ようやく結実した瞬間となりました。

二つ目昇進に九年半もかかった理由①――リサーチ不足

最後に、前座九年半を総括し、そこから浮かび上がってくる反省点をまとめてみたいと思います。

まずは「トータルな意味において、リサーチ不足」でありました。

短期間で二つ目に昇進した弟弟子の談生と比べてみると一目瞭然でした。彼は目的達成のための努力もさることながら、「リサーチ上手」でした。談志自身をテキストとして冷静に見つめるクレバーな目を、彼は持っていました。「端唄を覚えろ」と言われて、すぐさま町内の「端唄教習所」の看板を見つけて入会するのが私ならば、彼は、「師匠は『端唄』というジャンルを出してきた。ならば、その範囲を狭めてみよう」と、談志の言った「端唄」からさらに照準を絞り、「談志の好きな端唄」をセレクトしてゆきます。そして、ここが一番大切なのですが、「談志好みの歌い方とは一体どんな歌い方なのか？」というところまでさらに絞り込みます。

ここまでくると彼のセンスの問題なのですが、私が昔の図書館に置いてあったような「ブリタニカ百科事典」を見つけ出し、英語の辞書と首っ引きで逐語的に調べて行くタイプならば、彼はまさに「グーグル検索」で「談志　端唄　好きな歌い方」とキーワードを限定してアプローチするような、まずは「傾向と対策」から取り組むタイプでした。

要するに談志の発信する情報により敏感になっていたのは彼のほうだったのです。そんな具合に毎日取り組んでいると、談志の「その先の好み」までわかるようになるものです。具体的にいうと、「チャーハン食いたい」と談志が言っていたのを聞いて、私が師匠を喜ばせようと、高級中華食材店へ向かって高級チャーシューを選んでいる中、彼は師匠の家の冷蔵庫の片隅に置かれていた魚肉ソーセージで師匠好みの品を作ってしまっていた、というようなものでしょうか。

「リサーチ」という行為は、「まず対象のことを思いやる姿勢」にもつながります。談生は、師匠が発信する情報に敏感でした。師匠は音丸という大正・昭和初期に活躍した歌手が大好きでしたが、「音丸を聞け」と言われたら、「音丸のどんな歌が好みなのか」を調べました。そしてそれがわかったら、その音源の確保のための行動は惜しみませんでした。やはりまず物事は、リサーチ、情報収集ありきです。準備万端を整えることが先決であります。素早い行動はそのあとでも充分だと痛感しました。

もしかしたら、私は「動くだけで満足」していたのかもしれません。いや、心の中のどこかで「動いているだけで評価してもらえるかも」という甘えを持っていたのかもしれません。これは芸人のみならず、カタギのサラリーマン諸氏にもいえることではないかと思います。一番よくないパターンでした。師匠に対して「思いやり不足」だったのです。

二つ目昇進に九年半もかかった理由②——師匠との距離の取り方

続いては、「師匠との距離の取り方」でした。これも言い訳がましく聞こえてしまいますが、「談志が好きすぎた弟子（あるいは知りすぎた弟子）は務まらない」というのが当時ささやかれた立川流の定説でもありました。談四楼師匠にもよくいわれたものです。大概弟子入りする奴は、談志の芸に惚れまくり、その凄さに傾倒し、入門してくるものです。憧れの雲の上の人から、「つまようじ、取ってくれ」といきなり言われて舞い上がってしまうものです。そこで落ち着いて台所に行ける奴ならいいのですが、それこそ「はい！」と返事をして、「師匠が好むつまようじは⁉」と、スーパーに買いに行こうとするのが入門当時の私でありました。惚れ抜いたあまりに、極度の緊張も相まって突拍子もないことをしでかしてしまうものなのです。そこで落ち着き払って、目の前の落語界の天才児を、「六十手前の普通のおじさん」と変換してあくまでも普通に応対することが前座の務めでもありました。

そういう意味でいうと、廃業してしまいましたが、談生の一つ下の弟弟子の談々は見事でした。師匠から何を言われてもパニくることなく、鉄仮面のように「はい」と一言だけ言って処理してしまう様は、弟弟子とはいえ、憧れでもありました。あの頃彼のあまりの落ち着きぶりに、「本当は師匠が凄い人だとか名人だとか知らないのでは」と、当時の前座たちがからかったものです。余談ですが、彼は師匠と二人きりになった時、「お前、俺のマネージャーにならないか」と声をかけられたこともあったそうです。

それに対して入門当初から、天性のドジぶりを発揮した私は、前座後期になってからもその習性が抜けきらず、師匠との距離の取り方がチグハグなままでした。それが結果として、前に挙げた「リサーチ不足」にもつながりました。談志側から見ても、いくらマジメで落語が好きで自分に憧れて入門してきたとしても、いつもあせっておどおどしている人間よりは、普通に接してくる奴を重宝するものです。

二つ目昇進に九年半もかかった理由③――アップデート不足

次なる理由は、「アップデート不足」でした。「師匠は、志ん朝師匠に抜かれて嫌な思いをしているから、あとから入った奴を差し置いて昇進させるようなことはしない」というのが、立川流日暮里寄席などでも話題になった弟子たちの勝手な当て推量でした。前座として、働きながら先輩方からそんな話を聞き続けていると、そんな考えがいつの間にか染みついてしまいます。「昔から師匠はそうなんだから、今もこれからもきっとそうだ」。いつからかそんな考え方、つまり談志のよく言っていた「思考ストップ状態」に陥ります。

自分らのそんな甘い考えを打ち砕いたのが「弟弟子の談生の二つ目昇進」でもありました。要するに、先輩方の情報に甘えてしまい、師匠に対する考え方や行動体系を「アップデート」させてこなかったツケが回ってきたのです。怖いのは、こういうツケに対してまで、「談生は師匠に機嫌のいい時に認められたんだ」→「要するに肝心なのは師匠の機嫌」などという方向で理解しようとさえしていたことです。

対して、談志はアップデートそのものの人でした。「落語は人間の業の肯定」という落語の歴史的定義を打ち出した以降も、「落語はイリュージョンだ」と変換したり、最晩年は「江戸の風」と言うなど、思想も落語もその演じ方も常に更新し続けるような激動落語家人生を歩んでいました。四六時中、変更し続ける師匠に対して、いつまでも師匠は昔の考えにいるに違いないと頑《かたく》なだった当時の自分は、はっきりいって弟子失格でもありました。

三つの反省点に共通するもの

以上、自らに向き合って、前座突破に九年半もかかってしまった理由を書き連ねてみました。「リサーチ不足」「師匠との距離の取り方」「アップデート不足」の三つですが、共通するのは、「甘え」ではないかと思います。あの頃さらに拍車をかけたのが「師匠は自分から弟子をクビにしたりはしない」という希望的観測でした。「あの師匠から金にまつわるしくじりでクビになったブラック師匠だって、また立川流に戻ってきて真打にもなったんだもの」と実例を自分に都合よくあてはめ、「さほど頑張らなくてもいつかは二つ目、真打ちにしてくれるんだ」と勝手に期待してしまうのは、「甘え」以外のなにものでもありません。ずばりいってしまうと、「談志の弟子になれただけで満足」していたのを師匠は見抜いていたのでしょう。

「甘え」は、他者に対する依存そのものでもあります。相手の優しさに対して過度にすがろうとする行為は、つまりは相手への侮蔑にすらつながりかねません。ある意味、師匠への敬意も不足していたのです。

翻って、かつて日本は、会社が銀行に甘え、銀行は国に甘えるというような甘えの連鎖が許された過去があったように思います。幾分話は飛躍しますが、そんな甘えを放置してきたのが、今のこの国の停滞なのかもしれません。

ま、兎にも角にも、今回過去を振り返ったことでひときわくっきりと浮かび上がってきたこの「甘え」という言葉を、再度嚙み締め、さらなる芸人人生に活かせたらと改めて決意した次第です。

本書は「水道橋博士のメルマ旬報」連載分から一部を抜粋し、再構成したものです。「序論　談志天才論」は書き下ろしです。

第一部扉写真　橘　蓮二
第二部扉写真　ムトー清次

PHP新書

PHP INTERFACE
https://www.php.co.jp/

立川談慶［たてかわ・だんけい］

1965年、長野県上田市生まれ。慶應義塾大学経済学部卒業。ワコールに入社。3年間のサラリーマン生活を経て、91年、立川談志の18番目の弟子として入門。前座名は「立川ワコール」。通常4〜5年とされる前座業を9年半経験し、2000年、二つ目に昇進。立川談志に「立川談慶」と命名される。05年、真打ちに昇進。ベンチプレス125キロ。
著書に、『大事なことはすべて立川談志《ししよう》に教わった』（KKベストセラーズ）、『談志語辞典』（誠文堂新光社）、『ビジネスエリートがなぜか身につけている　教養としての落語』（サンマーク出版）、『「めんどうくさい人」の接し方、かわし方』（PHP文庫）、『花は咲けども噺《はな》せども』（PHP文芸文庫）などがある。

天才論　立川談志の凄み

（PHP新書　1284）

二〇二一年十一月三十日　第一版第一刷

著者――立川談慶
発行者――永田貴之
発行所――株式会社PHP研究所
東京本部――〒135-8137 江東区豊洲5-6-52
第一制作部 ☎03-3520-9615（編集）
普及部 ☎03-3520-9630（販売）
京都本部――〒601-8411 京都市南区西九条北ノ内町11
組版――アイムデザイン株式会社
装幀者――芦澤泰偉＋児崎雅淑
印刷所――大日本印刷株式会社
製本所――東京美術紙工協業組合

ISBN978-4-569-85075-7

PHP新書刊行にあたって

「繁栄を通じて平和と幸福を」(PEACE and HAPPINESS through PROSPERITY)の願いのもと、PHP研究所が創設されて今年で五十周年を迎えます。その歩みは、日本人が先の戦争を乗り越え、並々ならぬ努力を続けて、今日の繁栄を築き上げてきた軌跡に重なります。

しかし、平和で豊かな生活を手にした現在、多くの日本人は、自分が何のために生きているのか、どのように生きていきたいのかを、見失いつつあるように思われます。そして、その間にも、日本国内や世界のみならず地球規模での大きな変化が日々生起し、解決すべき問題となって私たちのもとに押し寄せてきます。

このような時代に人生の確かな価値を見出し、生きる喜びに満ちあふれた社会を実現するために、いま何が求められているのでしょうか。それは、先達が培ってきた知恵を紡ぎ直すこと、その上で自分たち一人一人がおかれた現実と進むべき未来について丹念に考えていくこと以外にはありません。

その営みは、単なる知識に終わらない深い思索へ、そしてよく生きるための哲学への旅でもあります。弊所が創設五十周年を迎えましたのを機に、PHP新書を創刊し、この新たな旅を読者と共に歩んでいきたいと思っています。多くの読者の共感と支援を心よりお願いいたします。

一九九六年十月

PHP研究所